# Beiträge zur Sozialpolitik

Beat Uebelhart · Peter Zängl
(Hrsg.)

# Beiträge zur Sozialpolitik

Im Gespräch mit
Julian Nida-Rümelin, Edzard Reuter,
Serdar Somuncu und Neven Subotić

*Herausgeber*
Beat Uebelhart
Peter Zängl

Fachhochschule Nordwestschweiz
Hochschule für Soziale Arbeit
Olten, Schweiz

ISBN 978-3-658-07961-1         ISBN 978-3-658-07962-8 (eBook)
DOI 10.1007/978-3-658-07962-8

Die Deutsche Nationalbibliothek verzeichnet diese Publikation in der Deutschen Nationalbibliografie; detaillierte bibliografische Daten sind im Internet über http://dnb.d-nb.de abrufbar.

Springer VS
© Springer Fachmedien Wiesbaden 2016
Das Werk einschließlich aller seiner Teile ist urheberrechtlich geschützt. Jede Verwertung, die nicht ausdrücklich vom Urheberrechtsgesetz zugelassen ist, bedarf der vorherigen Zustimmung des Verlags. Das gilt insbesondere für Vervielfältigungen, Bearbeitungen, Übersetzungen, Mikroverfilmungen und die Einspeicherung und Verarbeitung in elektronischen Systemen.
Die Wiedergabe von Gebrauchsnamen, Handelsnamen, Warenbezeichnungen usw. in diesem Werk berechtigt auch ohne besondere Kennzeichnung nicht zu der Annahme, dass solche Namen im Sinne der Warenzeichen- und Markenschutz-Gesetzgebung als frei zu betrachten wären und daher von jedermann benutzt werden dürften.
Der Verlag, die Autoren und die Herausgeber gehen davon aus, dass die Angaben und Informationen in diesem Werk zum Zeitpunkt der Veröffentlichung vollständig und korrekt sind. Weder der Verlag noch die Autoren oder die Herausgeber übernehmen, ausdrücklich oder implizit, Gewähr für den Inhalt des Werkes, etwaige Fehler oder Äußerungen.

Lektorat: Cori A. Mackrodt, Stefanie Loyal

Gedruckt auf säurefreiem und chlorfrei gebleichtem Papier

Springer VS ist Teil von Springer Nature
Die eingetragene Gesellschaft ist Springer Fachmedien Wiesbaden GmbH

# Inhalt

Einleitung | 1

Was ist gerecht?
Im Gespräch mit Julian Nida-Rümelin | 9

Uns fällt auf ... | 34

Wer ist verantwortlich?
Im Gespräch mit Neven Subotić | 37

Uns fällt auf ... | 51

Was sind die Probleme?
Im Gespräch mit Serdar Somuncu | 55

Uns fällt auf ... | 78

Wer löst die Probleme?
Im Gespräch mit Edzard Reuter | 81

Uns fällt auf … | 98

Welche Sicht der Dinge?
Schlussbetrachtungen von Beat Uebelhart und Peter Zängl | 101

Die Herausgeber | 113

# Einleitung

Helmut Schmidt hielt den Sozialstaat, wie wir ihn in Deutschland und in anderen Staaten Europas kennen, für die größte Kulturleistung, die die Europäer zustande gebracht haben. Das ist nachvollziehbar, war doch die Triebfeder sozialpolitischer Leistungen insbesondere bismarckscher Prägung zum Ende des 19. Jahrhunderts die Sicherung des sozialen Friedens. Nach und nach hat sich über mehr als hundert Jahre ein Sozialsystem entwickelt, das auf die Absicherung sozialer Risiken wie zum Beispiel Armut, Krankheit oder Arbeitslosigkeit zielt und damit zur Wohlfahrt der Gesellschaft beitragen soll.

Nun ist dies seit jeher alles andere als konfliktfrei. Gestritten wird im Wesentlichen immer um die gleiche Fragestellung: Was soll und was kann wie für wen bereitgestellt werden, und wie soll dies finanziert werden? Es geht also in der Sozialpolitik immer um Umverteilungen – horizontal wie vertikal. Die Eckpunkte der Auseinandersetzung um den Sozialstaat sind damit markiert: Zum einen besteht der Anspruch der Vertretung von Bevölkerungsgruppen, die von sozialen Risiken betroffen sind – sogenannte advokatorische Legitimationsstrategien –, und zum anderen steht die Frage unter dem Diktat ordnungs- und finanzpolitischer Sichtweisen. Je nach Standpunkt und politischer Couleur unterscheiden sich die Vorstellungen von Form und Ausgestaltung des Sozialstaates mit seinen jeweiligen sozialpolitischen Maßnahmen. Stich- und Schlagwörter oder Paradigmen wie »Fördern und Fordern«, »vorsorgender Sozialstaat«, »Weniger Staat, mehr Eigenverantwortung«, »Hilfe zur Selbsthilfe«, »Gewährleistungsstaat« und andere zeigen die unterschiedlichen Interpretationen der sozialpolitischen Prinzipien von Subsidiarität und Solidarität. Wie also der Sozialstaat gestaltet ist, welche sozialpolitischen Programme und Maßnahmen mit welchem Ziel verfolgt werden, welche Leistungen der Sozialstaat erbringt, wer überhaupt in den Genuss sozialstaatlicher Leistungen kommt, wie er sich finanziert und wie jeweils verfahren werden soll, das sind die Kernfragen zu Quantität und Qualität sozialstaatlicher Leistungen, die von der Policy »Sozialpolitik« bestimmt werden.

Genau vor diesem Hintergrund ist die Idee zur vorliegenden Publikation entstanden. Wir sehen uns mit einer fast schon unüberschaubaren Menge an mehr oder weniger wissenschaftlichen Veröffentlichungen zu Herausforderungen und Entwicklungsperspektiven der Sozialpolitik konfrontiert. Meist pendeln ihre Inhalte zwischen »Alles-wird-gut«-Vorstellungen einer neuen Arbeitswelt, in der uns vieles durch den technologischen Fortschritt abgenommen wird – zum Beispiel Jeremy Rifkins Vorstellungen zur Null-Grenzkosten-Gesellschaft –, bis zu apokalyptischen Zukunftsszenarien, die den Zusammenbruch des Sozialstaats voraussehen. Zum Teil verlaufen die Diskussionen auf einer sehr theoretischen Ebene, auf der das Sozialsystem in seiner jetzigen Form gänzlich infrage gestellt wird, zum größeren Teil aber eher auf einer – positiv ausgedrückt – gestalterischen Ebene, auf der über konkrete Leistungen und deren mögliche Ausprägungen debattiert wird. Einigkeit scheint aber in der Bewertung zu bestehen, dass der Sozialstaat derzeit an seine Grenzen stößt und eine Umsteuerung notwendig ist. Megatrends wie beispielsweise der demografische Wandel in unserer Gesellschaft, die Veränderungen in der Arbeitswelt oder auch aktuell die Folgen von Migration und Zuwanderungen bestimmen die Diskussion – zumeist mit negativ konnotierten Begriffen wie Leistungsmissbrauch, explodierende Sozialquote, Leistungsexplosion bei Einnahmenimplosion, um nur einige wenige zu nennen.

Um die Diskussion voranzubringen, ist es notwendig – davon sind wir überzeugt –, sich immer wieder aufs Neue über bestimmte Grundwerte zu verständigen. Mit dieser Publikation wollten wir dabei bewusst einmal einen anderen Weg gehen. Nicht ein weiteres Buch zum *wissenschaftlichen* Diskurs wollten wir beisteuern, sondern jenseits des wissenschaftlichen Diskurses und politischer Appelle Menschen zu Themen befragen, für die sie stehen und zu denen sie etwas zu sagen haben. Es handelt sich bei unseren Interviewpartnern also um eine bewusst getroffene Auswahl, die zwar nicht beliebig ist, aber sicherlich auch hätte anders ausfallen können.

Auch bei den Themen mussten wir uns natürlich auf einige wenige beschränken: Wir haben uns der *Grundfragen* der Sozialpolitik angenommen, und das sind, zumindest nach unserem Verständnis: soziale Gerechtigkeit, Verantwortung des Einzelnen, Wirksamkeit sozialer Maßnahmen und Zusammenspiel von Wirtschafts- und Sozialpolitik. Wir halten genau diese Fragen für zentral, wenn es um eine Beschreibung des Sozialen, des Sozialstaates oder gar der Sozialpolitik geht. Gezielt haben wir nach Interviewpartnern gesucht, die hierzu Neues oder auch Ungewöhnliches zu sagen haben.

Wie der Titel des Buches sagt, handelt es sich um Beiträge zur Sozialpolitik im Sinne von Denkanstößen und nicht um fertige Konzepte. Wir maßen uns nicht an, eine neue Agenda der Sozialpolitik zu setzen, glauben aber, mit den hier angesprochenen Themen einen wichtigen Beitrag für eine solch neue Agenda liefern zu können. So hoffen wir, über die Auswahl unserer Interviewpartner Denkanreize zu setzen; nicht im Sinne einer »best practice«, sondern mehr durch anregende bis hin zu provokanten Herangehensweisen an die Fragestellungen.

Ursprünglich hatten wir für diese Publikation einen Mix aus schweizerischen und deutschen Interviewpartnern geplant. Auch unterschiedliche Geschlechterperspektiven sollten eine Rolle spielen. Dementsprechend haben wir zu allen Themenbereichen Frauen und Männer aus beiden Ländern angefragt. Leider war keine der angefragten Frauen für ein Interview zu gewinnen. Nicht, weil sie nichts zur Thematik hätten beitragen können, sondern schlicht aus Zeitgründen. Die »Männerdominanz« ist sicher ein Schwachpunkt der Publikation, Sozialpolitik ist ja keinesfalls eine männliche Domäne. Vielleicht gelingt es uns in einem Folgeband, den Mangel auszugleichen. So könnten wir dann beispielsweise auch der Frage nachgehen, ob es eine geschlechterspezifische Perspektive auf »das Soziale« gibt.

Allerdings hat man uns auch aus andern als terminlichen Gründen Absagen erteilt: Ein (männlicher) Vertreter der »Geldwirtschaft« bedankte sich höflich für die Anfrage – und lehnte ab; er könne keinen Zusammenhang zwischen Geldwirtschaft und Sozialpolitik erkennen. Schade, genau dies wäre unsere Eingangsfrage gewesen. Auch konnten wir bei Weitem nicht alle Themen des Sozialen berücksichtigen. Manches bleibt offen, viele Fragen sind ohne Antwort geblieben. Dafür sind allerdings nicht unsere Interviewpartner verantwortlich, es liegt allein an unserer Fragestellung – und am begrenzten Platz einer solchen Publikation.

## Zum Inhalt der Interviews

Das zentrale Thema von Sozialpolitik sehen wir im Streben nach sozialer Gerechtigkeit. Allerdings fragen wir uns, ob es »die« Gerechtigkeit gibt oder ob soziale Gerechtigkeit nicht vielmehr Ergebnis eines Aushandlungsprozesses ist. Ist damit die Gerechtigkeit für alle, für möglichst viele oder für sozial benachteiligte Bevölkerungsgruppen gemeint? Der Gerechtig-

Einleitung 5

keitsbegriff ist vielschichtig, und seine Verwirklichung hängt vom Blickwinkel des oder der jeweiligen Protagonisten ab. Beziehen wir uns im Rahmen von Sozialpolitik auf die Gerechtigkeit der Verteilung von Wohlfahrt, oder ist die Leistungsgerechtigkeit gemeint? Wie ist das Verhältnis von Gerechtigkeit und Gleichheit? Welches Talent wird wie positiv oder negativ in der Gesellschaft sanktioniert? Um zu diesen Fragen rund um das Thema Gerechtigkeit Hinweise, Denkanstöße und Lösungsansätze zu erhalten, haben wir Julian Nida-Rümelin befragt. Er ist nicht nur weltweit als Philosophieprofessor mit dem Thema Gerechtigkeit, Ethik und Moral bekannt, er hat auch über die Grenzen der Theorie hinaus als ehemaliger Staatsminister für Kultur und Medien praktische Erfahrungen in der politischen Umsetzung.

Eng mit der Frage der Gerechtigkeit verbunden ist das Thema der Verantwortung. Im Kontext von Sozialpolitik stellt sich die Frage, wer welche Verantwortung bei der »Realisierung« von Gerechtigkeit hat, die Frage also, welche Aufgaben staatlicher Natur sind und was der oder die Einzelne beitragen muss. Konsequent und vielleicht auch extrem gedacht, kann das Engagement eines Einzelnen zu neuen Ungerechtigkeiten führen, da ja durch eben dieses Engagement beispielsweise in einer Region Unterstützungsleistungen angeboten werden und in anderen eben nicht. Darüber hinaus war uns wichtig, etwas über Motive und Motivationen des Engagements zu erfahren. In diesem Zusammenhang haben uns die Aktivitäten und Leistungen von Neven Subotić sehr beeindruckt, der uns gerne für ein Interview zur Verfügung stand. Normalerweise erreichen uns über die Regenbogenpresse oder die neuen sozialen Medien wie Facebook, Twitter und Instagram Urlaubsbilder von Spitzensportlern aus fernen, meist exotischen Gegenden – nicht selten posierend auf einer Jacht im Meer oder vor den schönsten Sehenswürdigkeiten dieser Welt. Neven Subotić – Spitzenfußballer von Borussia Dortmund – geht einen anderen Weg. Er verbringt jede freie Minute in seiner Stiftung »Wasser für

Äthiopien«, engagiert sich finanziell und mit Rat und Tat für soziale Projekte und insbesondere zu den Themen Bildung und Gesundheit für Kinder in Afrika. Vor diesem Hintergrund haben wir auch ihn befragt, was ihn antreibt und welchen Blick er auf die Verantwortung für die Verwirklichung sozialer Gerechtigkeit hat.

Neben sozialer Gerechtigkeit und Verantwortung fragten wir uns: In welchen Feldern muss Sozialpolitik greifen, und wie müssen die jeweiligen Maßnahmen gestaltet sein, dass sie eine höchstmögliche Wirkung erzielen? Serdar Somuncu hat uns hierzu Rede und Antwort gestanden. Er ist weit mehr als das, was wir neudeutsch mit Comedian bezeichnen. Serdar Somuncu ist vielmehr in der Tradition des politischen Kabaretts und der Satire zu sehen. Dabei ist er provokativ und schonungslos. Getreu seinem Motto »Jeder hat ein Recht auf Diskriminierung« benennt er fast schon gnadenlos Missstände und Fehlentwicklungen. Dabei nimmt er kaum Rücksicht auf andere, aber auch nicht auf sich selbst. Seine Lesungen aus Hitlers »Mein Kampf« – 1428 Auftritte vor mehr als 250 000 Zuschauern – hat er zum Teil nur noch unter Polizeischutz und mit kugelsicherer Weste durchführen können. Wir haben uns gefragt, ob es nicht gerade die Art von Somuncus Provokation ist, dass er mit seinen Programmen wesentlich effektiver ist als viele der staatlich geförderten Aufklärungskampagnen gegen Rechts. Wann findet tatsächlich eine Auseinandersetzung mit dem Thema statt – wir vermeiden bewusst das Wort »Dialog«? Wann und wie wirkt eigentlich ein soziales Programm? Somuncu liefert hierzu in seinen Ausführungen zahlreiche Denkanstöße – in der ihm eigenen Art, scharfzüngig und gnadenlos.

Im letzten Themenkomplex wenden wir uns dem Zusammenspiel von Staat, Wirtschaft und Zivilgesellschaft zu. Auch hier geht es – wie in den andern Themenblöcken – um Fragen der Gerechtigkeit, der Verantwortung und der Wirkung. Wer hat welche Aufgaben? Wer kann was durchsetzen? Welche Verantwortung hat eigentlich die Wirtschaft im Sozialen? Gibt es tatsächlich keinen Zusammenhang zwischen der Sozial- und der Geldwirtschaft? Edzard Reuter verkörpert wie kein Zweiter die unterschiedlichen Systeme, setzt er doch seit Jahrzehnten als sozialdemokratisches Urgestein in der Welt des »Großkapitals« Akzente. Seine Maxime als Vorstandsvorsitzender der Daimler-Benz AG (1987–1995) war, sich mit einer offenen Unternehmenskultur gleichrangig gegenüber den Kapitalgebern, der Belegschaft und der Umwelt verantwortlich zu fühlen und nach dieser Maxime zu handeln. In dem Sinne bewegte ihn auch immer das Zusammenwirken von Wirtschaft, Staat und Zivilgesellschaft, wie er das auch in seinem umstrittenen Buch »Stunde der Heuchler: Wie Manager und Politiker uns zum Narren halten« beschrieben hat.

Nach jedem der vier Interviews fassen wir zusammen, was uns jeweils besonderes auffiel. Zum Abschluss wagen wir erste Hinweise für eine neue, erweiterte oder gar veränderte Agenda zur Sozialpolitik. Dabei gehen wir in Anlehnung an das soziologische Theoriegebäude von Talcott Parsons auf die verschiedenen Funktionssysteme der Gesellschaft ein und stellen die Frage nach den Herausforderungen, die sich für den Staat, die Wirtschaft und die Zivilgesellschaft stellen.

## Danksagung

Wir möchten uns an dieser Stelle herzlich bei Julian Nida-Rümelin, Neven Subotić, Serdar Somuncu und Edzard Reuter bedanken, dass sie sich auf diese Form der Auseinandersetzung mit sozialpolitischen Fragestellungen eingelassen haben. Durch ihre Bereitschaft und ihre Beteiligung ist eine so noch nicht da gewesene Vielfalt von Fragen und Antworten entstanden, die uns für die zukünftige Diskussion, wie unser Sozialstaat aussehen könnte, weiterbringen wird. Ihr Kenntnisreichtum und ihre Kreativität hat aus der vorliegenden Publikation ein spannendes Lesebuch gemacht. So war es beabsichtigt, und wir – die Herausgeber – haben bei der Zusammenstellung der Beiträge trotz der zum Teil schwierigen und sehr ernsten Materie extrem viel Spaß gehabt.

Auch wollen wir uns an dieser Stelle bei verschiedenen Menschen bedanken, die diese Publikation erst möglich gemacht haben:

Stephan Collet, der die Interviews geführt und redigiert hat, Christoph Gassmann, der die Texte der Herausgeber lektoriert hat, und zu guter Letzt Cori Antonia Mackrodt und Andreas Beierwaltes von Springer VS, die dieses ungewöhnliche Projekt von Anfang an nicht nur wohlwollend unterstützt, sondern auch mit konkreten Hilfestellungen erst ermöglicht haben.

Kiel, Basel, Montécheroux 2016
Beat Uebelhart    Peter Zängl

# Was ist gerecht?
# Im Gespräch
# mit Julian Nida-Rümelin

**Julian Nida-Rümelin** lehrt Philosophie und politische Theorie an der Ludwig-Maximilians-Universität München. Er leitet dort das interdisziplinäre Ethik-Zentrum und den berufsbegleitenden Studiengang »Philosophie Politik Wirtschaft«. Er war Kulturstaatsminister im ersten Kabinett Schröder und ist Mitglied der Europäischen Akademie der Wissenschaften und Künste.

*Herr Nida-Rümelin, steigen wir mit einer persönlichen Frage ein: Führen Sie ein selbstbestimmtes Leben?*

Julian Nida-Rümelin: Ich selbst in hohem Maße. Aber ich bin ja auch sehr privilegiert mit einem Beruf, der keinen Vorgesetzten vorsieht. Ich entscheide selbst, welche Themen mich interessieren und welche Bücher ich schreibe. Die Autonomie ist einer der Hauptgründe, warum ich diesen Beruf gewählt habe. Allerdings: Das Hochschulsystem ist in den letzten Jahren deutlich verschulter geworden.

*Selbstbestimmung ist auch ein zentrales Leitmotiv in der Sozialpolitik. Inwiefern hängt sie mit sozialer Gerechtigkeit zusammen?*

Julian Nida-Rümelin: Selbstbestimmung ist ein essenzieller Bestandteil von sozialer Gerechtigkeit. Der Sozialstaatsgedanke beruht darauf, Menschen auch in schwierigen existenziellen Phasen wie z. B. Arbeitslosigkeit, Alter und Krankheit immer noch ein weitgehend selbstbestimmtes Leben leben zu lassen. Sie sollen eben nicht völlig abhängig von karitativen Zuwendungen und von der Nettigkeit anderer Menschen oder vom sozialen Umfeld werden. Als Individuum im Sozialstaat habe ich soziale Rechtsansprüche an den Staat, die mir in existenziell schwierigen Phasen ein eigenständiges Auskommen ermöglichen. Sozialstaat darf man deshalb auch nicht gegen Freiheit in Stellung bringen, er soll ja gerade Freiheit und Selbstbestimmung ermöglichen.

*Was bedeutet es für Sie »sozial und gerecht« zu sein?*

Julian Nida-Rümelin: Ich gebe eine Antwort als Philosoph: Soziale Gerechtigkeit ist ein zentrales Thema der praktischen Philosophie und die politische Debatte läuft quer zu der philosophisch-systematischen Diskussion – in einer merkwürdigen Weise bis hinein in die Grundsatzprogramme der Volksparteien. Gerechtigkeit ist die oberste politische Tugend. Das gilt für Platon, das gilt für John Rawls und das sollte auch für die zeitgenössische Politik gelten. Es ist Humbug, Gerechtigkeit in Gegensatz zur Freiheit zu setzen, wie das aus ideologischen Gründen immer wieder getan wird. Die Grundlagen der modernen Demokratie in unserem Kulturkreis sind in der Europäischen Aufklärung gelegt worden. Und diese Grundlagen lauten: Gleiche Freiheit, gleiche Autonomie. Eine Gesellschaft, eine institutionelle Grundstruktur, wie das John Rawls nennt, ist dann gerecht, wenn ihr die einzelnen Individuen vernünftiger Weise zustimmen können. Das bedeutet, jedes Individuum muss sich in dieser Ordnung wiederfinden und seine Lebensgestaltung nach eigenen Vorstellungen entwickeln können.

*Nun gibt es verschiedene Dimensionen von Gerechtigkeit wie beispielsweise Chancengerechtigkeit, Leistungsgerechtigkeit oder Generationengerechtigkeit. Lässt sich soziale Gerechtigkeit überhaupt definieren?*

Julian Nida-Rümelin: Es gibt einen interessanten Definitionsversuch von John Rawls, den vielleicht bedeutendsten Gerechtigkeitstheoretiker der Gegenwart. Er argumentiert folgendermaßen: Gerechtigkeit hat zwei Teile, der erste Teil besteht aus gleicher maximaler Freiheit, im Sinne eines gleichen Systems von individuellen Rechten und Freiheiten, die rechtsstaatlich für alle Menschen verbürgt sind. Praktische Beispiele dafür sind die Niederlassungsfreiheit, die Assoziationsfreiheit oder die Versammlungsfreiheit, die Meinungsfreiheit, die Freiheit der Berufswahl, usw. Dieser erste Teil ist dem zweiten Teil vorgeordnet: dem Verteilungsprinzip bzw. dem Differenzprinzip. Dieses besagt, dass jede Ungleichverteilung gerechtfertigt werden muss und sie nur gerechtfertigt werden kann, wenn sie allen Gruppen der Gesellschaft zugute kommt. Praktisch bedeutet das also, dass beispielsweise umverteilende Politikmaßnahmen, die durch steuerliche Einnahmen mit progressivem Steuertarif finanziert werden, allen zugute kommen müssen, insbesondere den am schlechtesten gestellten Personengruppen. Das ist nach meiner Auffassung die beste Gerechtigkeitstheorie, die wir gegenwärtig haben: erst gleiche Freiheit und dann Verteilung.

*Selbstbestimmung scheint mit Blick auf den ersten Teil in Rawls Konzept auch eine entscheidende Rolle zu spielen?*

Julian Nida-Rümelin: Ja, denn die individuellen Rechte und Freiheiten sollen ja meine Autonomie und meine Möglichkeiten, ein Leben nach eigenen Vorstellungen zu leben, schützen. Die Philosophie dahinter ist, mich zu fragen, was ich befürworten würde, wenn ich nicht wüsste, welche individuellen Vor- und Nachteile mich erwarten würden. Wenn man also von einem unparteiischen Standpunkt her betrachtet einer institutionellen Grundstruktur zustimmen kann, dann ist sie insgesamt gerecht. Diese Idee von Rawls hat natürlich eine Vorgeschichte aus dem europäischen, vertragstheoretischen Denken seit Thomas Hobbes, Locke, Kant und Rousseau.

*Was ist dann wichtiger: Chancengerechtigkeit oder Leistungsgerechtigkeit?*

Julian Nida-Rümelin: Da geht bereits begrifflich vieles durcheinander. Ich verstehe schon den Ausdruck »Chancengerechtigkeit« nicht. Vermutlich ist damit Chancengleichheit gemeint. Zentral sind für mich die Grundwerte Freiheit, Gleichheit, Solidarität. Freiheit und Gleichheit sind verkoppelt im Sinne von gleicher Autonomie. Ergänzt werden sie, jedenfalls aus sozialdemokratischer, aber auch aus katholischer Sicht durch Solidarität, also durch die Pflicht denjenigen zu helfen, die hilfsbedürftig sind. Diese drei Elemente tragen ein System der sozialen Demokratie. Aber: Wo bleibt Gerechtigkeit? Wenn diese drei Grundwerte angemessen in einem guten Verhältnis zueinander stehen und sich gegenseitig stützen, dann sprechen wir von einer gerechten Gesellschaft.

*Hat die Freiheit des Einzelnen dann Vorrang vor dem Gemeinwohl aller?*

Julian Nida-Rümelin: Nein und das sollte aus meiner Sicht auch nicht gegenüber gestellt werden. Die individuellen Rechte von Artikel 1 bis 19 im Grundgesetz sind ausschließlich Individualrechte und sichern mir meine Selbstbestimmung auch gegen die Mehrheitsmeinung der Bevölkerung. Eine Mehrheitsentscheidung ist keine Demokratie, wenn sie nicht auch das Individuum schützt. Ich bin aber als Individuum, unabhängig davon ob ich zu den Stärkeren oder zu den Schwächeren gehöre, darauf angewiesen, dass wir uns bei Krankheit, im Alter, bei Elternschaft etc. wechselseitig stützen. Und dazu dient Sozialstaatlichkeit.

*Geht es denn in Deutschland sozial gerecht zu?*

Julian Nida-Rümelin: Deutschland hat eine relativ gute Situation – auch wenn die Haltung hierzulande oft ist, Vieles schlecht zu finden. Deutschland hat einen sehr entwickelten Sozialstaat, was zum Beispiel daran abzulesen ist, das die Ungleichheit der Einkommen vor Steuern und Abgaben (Primäreinkommen) sehr viel größer ist als die Ungleichheit der Einkommen nach Steuern und Abgaben (Sekundäreinkommen). Das heißt: Wir haben in Deutschland in der Tat eine funktionierende Umverteilung. Deutschland gehört zusammen mit den skandinavischen Ländern, Neuseeland und Kanada zu den Ländern mit der geringsten Ungleichheit der Sekundäreinkommen.

*Zahlreiche Studien und Statistiken belegen genau das Gegenteil: Deutschland gehört zu den Tabellenführern im Bereich Ungleichheit.*

Julian Nida-Rümelin: Ich spreche von den Sekundäreinkommen nach Steuern und Abgaben. Die Ungleichheit ist sehr ungünstig was Vermögen angeht, aber bei den Einkommen ist die Ungleichheit nicht so hoch wie in anderen Industrieländern. Seit 2005 ist die Ungleichheit entgegen dem internationalen Trend sogar nicht mehr gewachsen. Interessanterweise ist das der Zeitpunkt, ab dem die Agenda-2010-Reformen einsetzten.

*Stagnierende Ungleichheit in der Einkommensspreizung also. Was die Vermögen angeht, zeigt sich jedoch ein anderes Bild.*

Julian Nida-Rümelin: Ja, die Vermögensungleichheit ist extrem hoch. Allerdings muss man da mit Vorsicht rangehen. Ein Beispiel: In Italien ist es üblich, dass man sich zur Absicherung gegen alle Unsicherheiten – auch angesichts des immensen Misstrauens gegenüber dem Staat – möglichst früh eine Immobilie kauft. Ein sehr hoher Prozentsatz der kleinbürgerlichen Milieus und der Arbeitermilieus verfügen deshalb über eine eigene Immobilie. In Deutschland ist das so nicht ausgeprägt und ich behaupte, dass dies auch mit dem recht stabilen und verlässlichen sozialen Sicherungssystem zusammenhängt.

*Oder weil die Menschen hierzulande aufgrund hoher Abgaben und Belastungen keine Möglichkeit haben, Vermögen aufzubauen. Ungleichheit bezieht sich aber nicht nur auf finanzielle Verteilung. Wie sieht es beim Thema soziale Mobilität in Deutschland aus?*

Julian Nida-Rümelin: Auch das ist eine Legende, dass Deutschland keine soziale Mobilität hat. Das oft als Vorbild gepriesene Großbritannien hat eine katastrophal schlechte soziale Mobilität im Vergleich zu Deutschland, ebenso wie Italien, die USA, China oder die südamerikanischen Staaten. Insgesamt stehen wir im internationalen Vergleich im Großen und Ganzen positiv da.

*Ein Blick auf beispielsweise den Zusammenhang von sozialer Herkunft und Bildungschancen in Deutschland – von 100 Kindern aus Akademikerfamilien schaffen es 77 an die Hochschulen, von 100 Arbeiterkindern nur 23 – offenbart aber eine ziemliche starke Mobilitäts- und Gerechtigkeitsschieflage.*

Julian Nida-Rümelin: Chancenungleichheit ist ungerecht. Aber das Beispiel ist schief, denn in Deutschland, Österreich und der Schweiz bilden Nicht-Akademiker den größeren Teil der Mittelschichten, anders als in Großbritannien oder den USA. Chancengleichheit ist eine Bedingung von Gerechtigkeit. Das von Ihnen erwähnte Beispiel ist übrigens auch historisch interessant: Ende der 1970er Jahre, als die Akademikerquote viel niedriger war als heute, hatten wir ein Hoch von Kindern aus Arbeiterfamilien an Universitäten. Dann ist der Prozentsatz im Laufe der Jahre gesunken. Dass die zunehmende Akademisierung zu mehr Chancengleichheit geführt hat ist also eine Mär. Diese Ungleichheit in den Startchancen drückt sich auch in einem anderen Zusammenhang aus: Umso ungleicher die Sekundäreinkommen sind – Vermögen lassen wir außen vor – desto geringer ist die soziale Mobilität. In Peru oder Brasilien beispielsweise, wo die Ungleichheit besonders stark ausgeprägt ist, ist auch die soziale Mobilität sehr gering. Länder, in denen durch staatliche Umverteilung über das Steuersystem die soziale Ungleichheit geringer ist – Schweden, Finnland, Norwegen, Dänemark, aber auch Kanada und Deutschland – schneiden deutlich besser ab.

*Auch wenn Deutschland im internationalen Vergleich gut abschneidet, wo müsste man ansetzen, um die soziale Mobilität hierzulande zu verbessern?*

Julian Nida-Rümelin: Man muss an zwei Stellschrauben drehen: Die Durchlässigkeit des Bildungssystems muss vom sozioökonomischen Status der Eltern entkoppelt werden. Das setzt in meinen Augen insbesondere auch frühzeitige Ganztagesangebote voraus, um Familien ausreichende Einkommenssicherheit zu bieten und finanzielle Ungleichheiten auszugleichen. Das zweite Element ist eine ausgleichende und umverteilende Sozial- und Wirtschaftspolitik, die Ungleichheit in Grenzen hält.

*Genügt nicht einfach mehr Geld zur Förderung von Bildungsbenachteiligten, um viele soziale Probleme zu lösen?*

Julian Nida-Rümelin: Es geht sicher nicht primär um Geld. Das zeigt sich auch daran, dass Länder mit einem hohen Bildungserfolg nicht durchgängig hohe Bildungsinvestitionen aufweisen – Finnland ist dafür ein Beispiel. Dennoch sehe ich für Deutschland folgende Investitionspriorität: Bildung und Forschung, um darüber großes Innovationspotenzial aufzubauen. Und auch die Kunst sollte stärker gefördert werden, damit die Gesellschaft in Gang bleibt. Insgesamt sollte eher präventiv agiert werden, damit die reparierenden Aktivitäten des Sozialstaates möglichst gering ausfallen.

*Gibt es Stellen, an denen der Sozialstaat zunächst selbst repariert werden muss?*

Julian Nida-Rümelin: Es gibt spezifische Probleme, die mit dem hiesigen Sozialstaatsmodell – was es so nur in Frankreich und in Deutschland gibt – einhergehen. Ein Problem: das Gros der sozialen Leistungstransfers aufgrund von gewachsenen Ansprüchen, wie beispielsweise Rentenansprüche. Im Gegensatz dazu sind die skandinavischen Modelle sehr viel stärker auf steuerfinanzierte Bürgerrechte ausgerichtet, das deutsch-französische Modell des Sozialstaates setzt eher auf Kooperation. Der Vorteil dieses System ist, dass es bis weit in die Mittelschichten soziale Solidarität und Kooperation schafft, weil auch die Mittelschichten von diesem System profitieren und darauf ihre Lebensgestaltung stützen können. Der große Nachteil dagegen ist, dass diejenigen, die wenig eingezahlt haben nur noch den kleineren Teil der sozialen Transferleistungen abbekommen …

*… also Hartz IV bzw. Grundsicherung?*

Julian Nida-Rümelin: Genau, und diese reicht oft nicht aus, um ein würdiges Leben zu führen. Im Gegensatz dazu ist zum Beispiel der Grundsicherungsbetrag in Dänemark oder Schweden weit höher als in Deutschland. Die skandinavischen Länder geben in ihrem System eher hohe Garantien, statt rechtlich verbriefte Ansprüche. Das heißt aber auch: Die Liberalisierung des Arbeitsmarktes ist in Dänemark höher als in Deutschland. Dennoch fährt Dänemark mit diesem Modell ziemlich gut.

*Aus ihrer Sicht also ein Systemfehler im deutschen Modell, weil zu wenig steuerfinanziert?*

Julian Nida-Rümelin: Ich meine, es braucht mehr Garantien, weniger Sicherheiten. Ich bin ein Fan des dänischen Wegs: höheres Arbeitslosengeld, ALG II nicht so stark an Bedürftigkeit koppeln, wie das bei uns der Fall ist, und gleichzeitig die aktivierende Funktion verstärken. In Dänemark beträgt das Arbeitslosengeld in etwa 90 Prozent des vorherigen Nettoeinkommens, dort ist die Arbeitslosenversicherung allerdings freiwillig. Neoliberale Ökonomen würden nun sagen: »Dann arbeitet doch niemand mehr, dann wollen doch alle arbeitslos sein!« Aber nein, dem ist nicht so. Dänemark gelingt es besser als Deutschland relativ schnell Arbeit zu vermitteln. Das ist also ein gutes Beispiel dafür, wie Aktivierung mit höheren Garantien vereinbar sein kann.

*Also Steuern rauf und das skandinavische Sozialstaatsmodell nach Deutschland importieren?*

Julian Nida-Rümelin: Die skandinavischen Länder haben den Vorteil, dass deren soziale Sicherungssysteme zum großen Teil steuerfinanziert sind. Der Nachteil ist jedoch, dass deren Spitzensteuersatz deutlich höher ist als in Deutschland. Deutschland könnte sich höhere Steuern leisten. Deutschland gehört zu den Ländern in Europa mit dem niedrigsten Steuersatz. Ein höheres Steueraufkommen würde natürlich auch einen aktivierenderen Sozialstaat und effektivere Ausgleichsmaßnahmen gegen soziale Ungerechtigkeiten ermöglichen. Das könnte man beispielsweise über eine Mehrwertsteuererhöhung erreichen. Das gilt allerdings als No-Go links von der Mitte und die Ablehnung ist auch nachvollziehbar. Mehrwertsteuererhöhungen bedeuten ja, dass alle proportional zu ihrem Konsum besteuert werden und das läuft der progressiven Besteuerung zuwider. Das ist aber nur die halbe Wahrheit: Denn der Mehrwertsteuersatz hat den reizvollen Aspekt, dass sehr viele Mittel reinkommen – ein Prozentpunkt Erhöhung bringt mehrere Milliarden Euro Mehreinnahmen für den Staat. Die entscheidende Frage lautet an der Stelle, wie die Mittel eingesetzt würden? Stellen Sie sich vor, diese Mittel würden beispielsweise für kostenlose Krippen und Kindertagesstätten oder zur Erhöhung bestimmter Grundleistungen eingesetzt.

*Unser Sozialsystem beruht unter anderem auf dem Gedanken »starke Schultern tragen mehr als Schwache«. Würde dieses Prinzip durch eine starke Steuerfinanzierung aufgeweicht?*

Julian Nida-Rümelin: Im Gegenteil, eine stärkere Steuerfinanzierung würde diesem Prinzip entsprechen. Dieses Prinzip ist in Deutschland bereits zum Teil außer Kraft gesetzt, denn es gilt nur innerhalb der Arbeitnehmerschaft. Diejenigen, die von Kapitaleinkünften leben, zahlen im Vergleich deutlich geringere Steuern. Das ist ein großer Missstand, der auch demokratiegefährdend ist. Wenn die Menschen den Eindruck haben, dass alle diejenigen, die auf Kapital-, Vermögens- oder Unternehmensbesitz zurückgreifen können, aus dem System der solidarischen Sicherung ausgenommen sind, führt das zu einem Vertrauensverlust in das System. Aber eine 1:1-Übertragung des skandinavischen Modells nach Deutschland würde auch nicht funktionieren, denn: Es gibt in Skandinavien eine andere historische Tradition der bäuerlichen Solidargemeinschaft, die in den nördlichen Regionen noch viel wichtiger war als bei uns. Jeder steht ein für alle anderen und jeder fühlt sich mitverantwortlich, dass alle durchkommen. Diese starke Solidaritätsverankerung haben wir in Deutschland nicht. Für Deutschland stelle ich mir eher eine Mischung vor: ein höherer Anteil an Steuerfinanzierung und mehr Garantien als Schutz.

*Zu Beginn sagten Sie, dass es uns insgesamt gut gehe in Deutschland. Haben wir überhaupt große soziale Probleme?*

Julian Nida-Rümelin: Ja, wir haben eine ganze Reihe von sozialen Problemen. Das aus meiner Sicht Auffälligste: Der Unterschied in der Berufstätigkeit von Frauen mit Kindern und von Frauen ohne Kinder ist in Deutschland im internationalen und auch im europäischen Vergleich sehr hoch. Die Politik hat leider erst sehr spät begriffen, dass Männer und Frauen bei vergleichbarer Qualifikation auch vergleichbar berufstätig sein wollen. Dafür fehlen aber in Deutschland die Voraussetzungen, beispielsweise flächendeckende Ganztagsangebote für Kinder und Jugendliche wie in Frankreich. Das führt letztlich aber zu einer gigantischen Verschleuderung von Volksvermögen, nämlich von hochqualifizierten Frauen, die Hilfsjobs ausüben oder ganz aussteigen und nach zehn und mehr Jahren nicht mehr richtig im Berufsleben einsteigen können.

*Obwohl die Politik doch gerade beim Ausbau der Betreuungsangebote für bis Dreijährige in den letzten Jahren massive Anstrengungen unternommen hat?*

Julian Nida-Rümelin: Ja, da ist zwar viel passiert, aber wir liegen mit der Betreuungsquote immer noch unter 35 Prozent. Das bedeutet also, dass bei sehr vielen Müttern mit Kindern in den ersten drei Jahren irgendwer für diese kleinen Kinder da sein muss und bei unseren kulturellen Verhältnissen ist das in der Regel die Frau. Das zweite Problem, was ganz offenkundig ist, ist die unzureichende Integration von Migrantenfamilien oder Personen mit Migrationshintergrund hierzulande. Die Folgen davon sind unter anderem kulturelle Ausgrenzung und Selbstausgrenzung in Gestalt eines religiös motivierten Fundamentalismus, den die Einwanderergeneration oft nicht hatte, sowie eine deutlich höhere Arbeitslosigkeit. Und ein drittes Problem, das ich sehe, ist der immer noch viel zu hohe Anteil an Menschen, die keine Berufsausbildung haben: Der Anteil der 25- bis 65-Jährigen ohne berufsqualifizierenden Bildungsabschluss liegt bei rund 14 %. Das ist eine enorme Risikogruppe, die akut von Arbeitslosigkeit bedroht ist.

*Sie haben bereits die sozial- und arbeitsmarktpolitischen Agenda-2010-Reformen unter dem ehemaligen Bundeskanzler Gerhard Schröder angesprochen. Unter anderem gilt seit den Agenda-Reformen ein neues Prinzip im Sozialstaat: Fordern und Fördern. Das Prinzip zielt darauf ab, Erwerbslose stärker als zuvor über bestimmte Maßnahmen zu sanktionieren und zu qualifizieren, um deren Beschäftigungsfähigkeit zu erhöhen. Rückblickend nach zehn Jahren Agenda-2010-Reformen: Hat sich das Prinzip bewährt?*

Julian Nida-Rümelin: Das hat über alle Maßen gut funktioniert. Wer das Gegenteil behauptet, kann keine Statistiken lesen. Wir hatten über Jahrzehnte eine Entwicklung, bei der jeweils am Ende des Wirtschaftszyklus die Arbeitslosigkeit höher war als am Anfang. Durch die deutsche Einigung gab es zwischenzeitlich zwar eine kurze Boom-Phase in der ersten Hälfte der 1990er Jahre. Danach aber ging die Arbeitslosigkeit massiv nach oben und es schien ein Grundgesetz der ökonomisch-sozialen Entwicklung in Deutschland zu sein, dass die Arbeitslosigkeit steigt und steigt und die Finanzierbarkeit dieser Lasten immer schwieriger wird. Mit Inkrafttreten der entscheidenden Arbeitsmarktgesetze im Januar 2005 begann dann die Arbeitslosigkeit insgesamt zu sinken, sie halbierte sich innerhalb weniger Jahre. Das wirklich überraschende dabei: Sie stieg auch während der Krisenjahre 2008 bis 2010 nicht mehr deutlich an, sondern sie stagnierte und fällt unmittelbar nach Überwinden der Krise nun wieder weiter ab – was sicher auch eine Folge manch richtiger Entscheidungen der großen Koalition ist. Heute haben wir den höchsten Anteil von sozialversicherungspflichtig Beschäftigten in der Geschichte Deutschlands. Also Fordern und Fördern hat sehr gut funktioniert. Auch in der

Hinsicht, dass die Deaktivierung, die eine Arbeitslosigkeit immer mit sich bringt, nicht nur ökonomische, sondern auch psychologische und soziale Aspekte hat.

*Was verstehen Sie unter Aktivierung?*

Julian Nida-Rümelin: Arbeitslose wurden durch die Reformen plötzlich in die Situation versetzt, nicht mehr 24 Monate abwarten zu können, also inaktiv zu bleiben, und gleichzeitig das Arbeitslosengeld bzw. anschließend Arbeitslosenhilfe zu erhalten. Dieses Lebensmodell hat es insbesondere in denjenigen Regionen gegeben, in denen es hohe Arbeitslosigkeit gab. Kurzum: Jeder der heute arbeitslos wird, weiß, dass er sich sofort darum bemühen muss, wieder eine Beschäftigung zu finden, also auch selbst wieder aktiv zu werden. Das tut dem Menschen gut und das tut der Wirtschaft und dem sozialen Sicherungssystem gut.

*Wie gerecht ist es beispielsweise bei Menschen, die aufgrund von Alter, Krankheit oder Behinderung hilfsbedürftig sind, die Aktivierungslogik anzusetzen und sie nach dem Prinzip Fordern und Fördern zu behandeln?*

Julian Nida-Rümelin: Wird das denn wirklich getan? Da muss man sich immer im Einzelfall genau anschauen, wen es wirklich betrifft. Beispielsweise heißt Behinderung nicht gleich Hilfsbedürftigkeit. Die Gesellschaft muss behinderten und nicht-behinderten Menschen gegenüber erst mal klarmachen: Alle sind unabhängig von ihren spezifischen Fähigkeiten willkommen. Dazu ein Beispiel aus der Wirtschaft: Es gibt verschiedene Unternehmen, die Menschen mit Asperger-Syndrom einstellen. Der Grund: Sie haben besondere Fähigkeiten, beispielsweise im Umgang mit Zahlen. Ihnen fallen eher Fehler auf und sie können sich in ihrem Interessensgebiet mehr merken. Es gibt weitere viele Beispiele dieser Art die zeigen, dass eine Gesellschaft, die vielfältige Fähigkeiten akzeptiert, mehr

Potential bietet und das Prinzip »Fordern und Fördern« dann auch greifen kann. Deshalb sollte man sich davor hüten, Menschen mit Behinderung, kranke oder alte Menschen auf Hilfsbedürftigkeit zu reduzieren. Die allermeisten Menschen wollen und können auch noch etwas beitragen und sei es, dass Ältere, die aber geistig noch klar sind, noch Älteren im Alltag helfen. Ich denke, da ist die Aktivierungslogik durchaus nicht obsolet.

*Obsolet aber in dem Sinne, in dem ein zentrales Motiv der Agenda-Reformen – Beschäftigungsfähigkeit wiederherzustellen bzw. zu erhöhen – im Vordergrund steht?*

Julian Nida-Rümelin: Nein, darum sollte es nicht primär gehen, es geht in erster Linie um Lebensbewältigung und um Anerkennung. Aber nochmal: Es gibt genug Menschen mit Behinderungen, die auch auf dem Arbeitsmarkt willkommen sind und eingesetzt werden können. Das bedarf aber natürlich auch einer gewissen Offenheit der Unternehmen, spezifische Bedingungen am Arbeitsplatz zu schaffen.

*Sind wir wirklich schon in einer inklusiven Gesellschaft angekommen?*

Julian Nida-Rümelin: Nein, ich glaube nicht, aber es geschieht bereits viel. Was ich kritisch sehe, ist die Forderung nach einem Bildungssystem der vollen Integration von geistig und körperlich behinderten Menschen. Die Forderung ist ehren- und erstrebenswert, aber dazu müssen dann auch die Rahmenbedingungen gegeben sein. Eine inklusive Schule beispielsweise muss weithin veränderte Voraussetzungen erfüllen. Dort kann nicht nur ein Lehrer unterrichten, so wie wir es bisher kennen. Dort brauchen sie zusätzlich Psychologen und Sozialarbeiter und weitere Spezialisten. Diese Tradition haben wir aber bislang nicht.

*Was hätte man bei den Agenda-Reformen besser machen können?*

Julian Nida-Rümelin: Man hätte zum Beispiel gleich einen Mindestlohn einführen müssen, aber ich bin kein Arbeitsmarktexperte.

*Kommen wir zum Themenbereich Politik und Demokratie. Sie sind selbst in mehreren Funktionen politisch tätig gewesen. Aus Ihrer ehemaligen Insider-Perspektive: Gestaltet die Politik noch aktiv und nachhaltig Sozialpolitik oder ist eher eine große Flickschusterei mit vielen kleinen hektischen Reparaturen?*

Julian Nida-Rümelin: Ich war in zwei kulturpolitischen Ämtern und habe mein Berufsleben als Wissenschaftler, genauer als Hochschullehrer für Philosophie und politische Theorie, insgesamt nur fünf Jahre unterbrochen. Ich war als Kulturreferent der Landeshauptstadt München und später dann im ersten Kabinett Schröder als Kulturstaatsminister tätig. Von den Ressortzuständigkeiten bin ich kein Experte für den Bereich Sozialpolitik, daher halte ich mich da in meinem Urteil zurück. Mein Eindruck ist, dass die Politik – und das hängt eng mit der Medienentwicklung zusammen – zu einer gewissen Kurzatmigkeit neigt. Allerdings wird diese Kurzatmigkeit durch längerfristige Trends überlagert. So neigt sich beispielsweise nach meiner Beobachtung die Dominanz einer marktradikalen Ideologie dem Ende zu. Dieser Trend hat dreißig Jahre lang dominiert und stellte mit dem Neomarxismus einer der zwei Großideologien seit dem zweiten Weltkrieg dar.

*Inwiefern ist die Ära des Marktradikalismus vorbei?*

Julian Nida-Rümelin: Ich glaube, wir verabschieden uns gegenwärtig aus zwei Gründen davon: Einmal, weil die zweitgrößte Wirtschaftskrise der Welt erst kurz zurückliegt und in vielen Ländern die dramatischen Auswirkungen für alle Menschen sichtbar wurden und noch deutlich zu spüren sind. Es gibt Ähnlichkeiten zu den Entwicklungen bei der ersten Weltwirtschaftskrise 1929: Damals erlebten wir eine makroökonomische, politische Konjunktursteuerung und eine starke Renationalisierung der Politik. Das erleben wir heute wieder, seit der Krise kommen die Keynesianer wieder zu Wort. Und zweitens existiert in der Bevölkerung eine sehr kritische Stimmung gegenüber Privatisierungen. Vor zehn Jahren etwa war Privatisierung in der Bevölkerung weitestgehend akzeptiert: »Der Staat ist ineffizient, Privatisierung bringt Effizienz« – so das allgemeine Credo. Wo immer es heute um Privatisierung geht, lehnt sich die Bevölkerung auf. Und das auch beim Thema Privatisierung von Risiken, beispielsweise durch eine Übertragung von sozialstaatlichen Aufgaben an private Versicherungsunternehmen oder durch private Altersvorsorge, statt dem Generationensolidaritätsmodell. Und neben diesen beiden lässt sich vielleicht noch ein dritter Grund für den Niedergang des Marktradikalismus hinzufügen: Die durch die Krise für jedermann sichtbar gewordene Unterregulierung und Instabilität der Finanzmärkte. Deshalb gibt es aus meiner Sicht langfristig nur zwei Optionen: Entweder Renationalisierung der Politik und der Ökonomie und das ist nicht so irreal wie das manche behaupten ...

*... und damit auch der Abschied vom Euro?*

Julian Nida-Rümelin: Ja, alternativ dann vielleicht eine Währungsschlange oder auch wieder das Bretton-Woods-System. Oder die zweite Option, die mir sehr viel lieber ist: Die ökonomische Globalisierung wird durch eine Staatlichkeit jenseits des Nationalstaates komplettiert. Das ist nicht gleichbedeutend mit der Auflösung von Nationalstaaten, sondern mit der Etablierung von legitimer Staatlichkeit, wie sie beispielsweise in Form des Weltstrafgerichtes und anderer supranationaler Institutionen bereits existiert. Die Aufgabe dieser Staatlichkeit wäre es, die globale Ökonomie soweit zu regulieren und zu steuern, dass sie nicht am Ende die Fundamente ökonomischen Erfolges zerstört.

*Brauchen wir also die Vereinigten Staaten von Europa mehr denn je?*

Julian Nida-Rümelin: Ich sehe auch für Europa, wie gesagt, nur die von mir genannten zwei Optionen. Der eine Weg ist die ernstgemeinte europäische Integration, dann muss sie aber auch institutionell abgesichert sein. Da kann es nicht sein, dass wir, wie aktuell in der Griechenland-Krise, doch intergouvernementale Verhandlungen führen, an denen die Europäische Kommission gar nicht mehr beteiligt ist. Wenn man den Euro aber wirklich will, der ja nicht ganz Europa umfasst, sondern eben nur ein Teil der Europäischen Union, dann braucht man auch die entsprechenden Institutionen. Man braucht eine gemeinsame Fiskal- und Wirtschaftspolitik und möglicherweise auch eine gemeinsame oder zumindest koordinierte Sozialpolitik. Diese Institutionen müssen demokratisch legitimiert sein und das kann nur über ein Parlament geschehen. Der andere Weg lautet Renationalisierung. Das ist nicht zwingend das Ende Europas, man kann sich auch eine Europäische Union nach britischem Muster vorstellen: Die Länder haben eine gewisse Gemeinsamkeit in Gestalt eines gemeinsamen ökonomischen Marktes, Freizügigkeit in Grenzen und eine Friedensordnung.

*Zentral für eine funktionierende Friedensordnung ist der demokratische Zusammenhalt in und unter Staaten. Sind das zwei Seiten derselben Medaille: demokratischer Zusammenhalt und Sozialstaat?*

Julian Nida-Rümelin: Der Sozialstaat in Deutschland hat eine sehr lange Tradition mit zwei Quellen: Einer konservativen Quelle, nämlich Bismarck mit der Reichsversicherungsordnung und einer katholischen Quelle, in der das Prinzip der Solidarität eine zentrale Rolle spielt. Diesen beiden Quellen haben lange Zeit zu einer hohen Akzeptanz des deutschen Sozialstaatsmodells und einer Wirtschaftsordnung, die gewissermaßen die Mittel für die Finanzierung bereitstellt, geführt. Diese hohe Akzeptanz geht zurück, das ist ganz offenkundig. Und diese Akzeptanz ist im »sozialen Rechtsstaat« Deutschland auch stark an das demokratische System gekoppelt.

*Demokratischer Zusammenhalt ist zudem untrennbar mit politischer Teilhabe verbunden. Sie haben eben von einem Machtungleichgewicht gesprochen: Fühlen sich zu viele Menschen aufgrund von ungleicher Ressourcenverteilung vom politischen Leben abgehängt und führt das zu einer Gefahr für unsere Demokratie?*

Julian Nida-Rümelin: Ja, das ist eine Gefahr. Nehmen Sie beispielsweise das Thema Kommunalwahlen: Dort kann man den Zusammenhang zwischen sozialem Status und politischer Teilhabe sehr gut beobachten, in dem man die Wahlbeteiligung nach Stadtvierteln analysiert. Da kann man bereits ohne sozio-demographische Daten sehen, welche Stadtviertel sozial schwierig aufgestellt sind.

*Können Politikverdrossene und sozial Benachteiligte wieder über eine aktive Sozialpolitik für ein demokratisches Gemeinwesen zurückgewonnen werden?*

Julian Nida-Rümelin: Das kann ich nicht beurteilen, ich bin kein Soziologe. Ich persönlich wäre da optimistisch. Natürlich ist das ein Thema für eine Sozialpolitik, die sich als aktivierend versteht. Zur Aktivierung gehört ja auch Bürger- und Bürgerin-Sein und sich an der Ausgestaltung eines funktionierenden demokratischen Gemeinwesens zu beteiligen. Hier sind aber auch die Parteien als eine Art Scharnier zwischen dem Staat und der Bürgergesellschaft aufgefordert, vor Ort Beteiligungsangebote zu unterbreiten. Wenn die Menschen an diesen Orten sich selbst überlassen werden, statt ihnen die Möglichkeit zu bieten, sich zu beteiligen und mitzudiskutieren, wirkt das mittel- bis langfristig demokratiegefährdend.

*Gibt es denn eigentlich irgendwelche Vorteile von Ungleichheit?*

Julian Nida-Rümelin: Klar, denn ein Land mit radikaler Gleichverteilung, unabhängig von Leistung, würde vielen Menschen signalisieren: Ich muss mich nicht anstrengen.

*Ungleichheit ist also auch eine treibende Kraft?*

Julian Nida-Rümelin: Für diejenigen, die stark ökonomisch orientiert sind, hat es sicher auch diesen Effekt. Denn es lassen sich darüber Leistungsanreize schaffen. Denken Sie beispielsweise an Bonussysteme.

*Stichwort Ökonomie: Was halten Sie von der These, dass die Wirtschaft in Deutschland gerade auch aufgrund unseres Sozialstaatsmodells relativ gut durch die Finanz- und Wirtschaftskrise der letzten Jahren gekommen ist und Unternehmen damit auch vom Sozialstaat profitiert haben?*

Julian Nida-Rümelin: Niemandem wäre gedient gewesen, wenn die Krise in Deutschland – wie in vielen Ländern – eskaliert wäre. Daran hatten die sozialstaatlichen Leistungen, die aus sich selbst heraus stabilisierend wirken, einen großen Anteil. Und in diesem Punkt hat der britische Ökonom John Maynard Keynes recht: Anders als die Neoklassiker glaubte er, dass Märkte intrinsisch instabil sind und dies zu Krisenanfälligkeit führt. Deshalb hat Keynes für eine ausgleichende Wirtschafts- und auch Sozialpolitik plädiert. In der Krise haben wir genau das erlebt: Die sozialen Ausgaben gingen nach oben und dadurch erfolgte eine Stabilisierung. Über das Kurzarbeitergeld hat die große Koalition dann noch mal draufgesattelt und zusätzlich stabilisiert. Und: Es hat funktioniert.

*Also auch deshalb, weil der Sozialstaat die Kaufkraft der einzelnen Marktteilnehmer stützt?*

Julian Nida-Rümelin: Genau, auch in der Krise wurde noch Kaufkraft ermöglicht. Das ist ja genau das Problem bei Griechenland: Viele kritisieren den Internationalen Währungsfonds und die Troika dafür, dass sie durch massive Eingriffe die Kaufkraft reduziert und damit die Krise noch verschärft haben.

*Haben wir durch die Krise dazu gelernt?*

Julian Nida-Rümelin: Schwer zu sagen, ich habe oft den Eindruck, manche wollen partout, auf beiden Seiten übrigens, nichts dazulernen: Einerseits diejenigen, die meinen, man könnte immer noch mit einem Deficit-Spending die Krisen der Welt mal so locker lösen und andererseits diejenigen, die unermüdlich den Sozialstaat als ökonomisch ineffizient anprangern. Es deutet alles darauf hin, dass eine sozialstabile Gesellschaft nur möglich ist, wenn beides zusammenspielt: Ein hohes Maß an ökonomischer Effizienz und dazu gehört auch Konkurrenz und Insolvenz von Unternehmen. Ein Staat, der das verhindert, der unterminiert ökonomische Rationalität – was im Finanzsektor übrigens geschehen ist. Und auf der anderen Seite ist der Markt auf sich selbst gestellt und von einer derartigen Dynamik in Richtung Ungleichheit geprägt, dass die sozialen Grundlagen ökonomischen Erfolges massiv bedroht und schnell vernichtet werden können. Hier muss politisch gegengesteuert werden. Es wird die Kunst sein, in Zukunft ökonomische Effizienz und soziale Stabilität bzw. soziale Gerechtigkeit auszutarieren.

*Brauchen wir für dieses Gleichgewicht auch mehr soziale Unternehmer, also Unternehmer, die kapitalistisch handeln und sich dennoch dem Gemeinwohl verpflichtet sehen?*

Julian Nida-Rümelin: Die Konsumentenentscheidungen sind heute in höherem Maße als früher von ethischen Kriterien geleitet. Nachhaltigkeit, keine Kinderarbeit, Fair-Trade, artgerechte Tierhaltung etc. sind Faktoren, die bei Kaufentscheidungen immer wichtiger werden. Auf der Produzentenseite gibt es zunehmend Unternehmen, die beides miteinander verbinden: Auf der einen Seite wollen sie natürlich ihr Unternehmen zum Erfolg führen und auch anständige Gewinne machen. Auf der anderen Seite fühlen sie sich an bestimmte ethische Standards gebunden. Und drittens gibt es Unternehmen, die soziale Dienstleistungen anbieten. Das befürworte ich sehr, außer wenn diese sozialen Dienstleistungen als Ersatz für den Sozialstaat propagiert werden. Der Trend, dass Unternehmen komplementär zum Sozialstaat soziale Dienstleistungen anbieten, wird vermutlich noch zunehmen, weil die öffentlichen Verwaltungen überfordert sind.

*Finanziell überfordert?*

Julian Nida-Rümelin: Ja, aber auch personell überfordert. Schweden und Norwegen hat beispielsweise einen fast doppelt so stark ausgebauten öffentlichen Sektor wie Deutschland.

*Komplementäre Wohlfahrtsproduktion von privaten Dienstleistern also als Zukunftsmodell für Deutschland?*

Julian Nida-Rümelin: Der ganze Bereich der sogenannten freien Wohlfahrtspflege ist ja eine Art staatlich-privates Gemisch. Gegen das ist gar nichts einzuwenden, wenn die staatliche Primärverantwortung bleibt. Am Ende muss es Regeln geben, die für alle gelten, sonst werden wir von den oben angesprochenen Dynamiken und Zufälligkeiten der Märkte abhängig. Das würde dazu führen, dass wir in bestimmten Regionen eine gute soziale Versorgung haben und in anderen Regionen eine katastrophale. Eine Gleichwertigkeit der Lebensverhältnisse muss grundrechtlicher Auftrag sein und das kann nur der Staat garantieren.

*Während der Wirtschafts- und Finanzkrise entzündete sich immer wieder Kritik an der Höhe und Angemessenheit von Managergehältern. Wie lässt es sich generell rechtfertigen, dass ein Investmentbanker ein Hundertfaches von dem verdient, was beispielsweise eine Erzieherin, die eine sehr verantwortungsvolle Aufgabe hat, als Einkommen erhält?*

Julian Nida-Rümelin: In meinen Augen lässt es sich objektiv und ethisch nicht rechtfertigen. Aber: Es ist erklärbar. Die Erklärung ist nicht, dass alle Manager gierig sind, es geht eher um den Vergleich mit einem anderen Manager. Insofern war es eine große Eselei der Politik in Deutschland, die Offenlegung der CEO-Gehälter von deutschen Firmenbossen und Managern zu fordern. Ich bin sehr dafür, solche absurden Gehaltsdifferenzen durch Ethos-Normen auszubremsen. Das funktioniert beispielsweise in Japan sehr gut: Das Land ist kapitalistisch verfasst und verfügt über gedeckelte Gehaltsdifferenzen. Die Managergehälter in Japan sind höchstens 20 Mal so hoch wie das Durchschnittsgehalt eines Angestellten in den Unternehmen. In den USA übersteigen die Managergehälter das Durchschnittsgehalt eines Angestellten in den Unternehmen um das Zweihundertfache.

*Einen ähnlichen, aber erfolglosen Versuch der Begrenzung von Managergehältern gab es in der Schweiz mit der 1:12-Initiative: Ein Manager sollte nicht mehr als das 12-fache des Durchschnittsgehaltes im Unternehmen verdienen.*

Julian Nida-Rümelin: Das war vielleicht ein zu extremes Downsizing angesichts der Managergehälter, die faktisch gezahlt werden. Aber eine Obergrenze wäre sinnvoll.

*Sprechen wir über Reformen in der Sozialpolitik: Brauchen wir einen neuen Gerechtigkeitsdiskurs in Deutschland?*

Julian Nida-Rümelin: Es wäre sinnvoll eine Debatte darüber zu führen, was eigentlich Gerechtigkeit ausmacht – insbesondere weil die immer wieder bemühten Entgegensetzungen von Gerechtigkeit und Effizienz oder Gerechtigkeit und Freiheit eine Schieflage provozieren. Denn ohne Gerechtigkeit keine politische Stabilität und erst recht keine Demokratie.

*Gerechtigkeit ist also ein sehr zentraler Wert in der Demokratie?*

Julian Nida-Rümelin: Ja, es ist so etwas wie die überwölbende Normativität einer politischen Ordnung. Wenn die erste Frage nach dem Wesen von Gerechtigkeit beantwortet ist, stellt sich die zweite praktische Frage: Wie schätzen wir beispielsweise unser Wirtschafts-, Sozial-, und Bildungssystem sowie unser politisches System insgesamt ein? Bestehen massive Gerechtigkeitsdefizite und wenn ja, an welchen Stellen und wie lassen sie sich beheben?

*Welche Defizite sehen Sie?*

Julian Nida-Rümelin: Es gibt massive Herausforderungen wie die oben erwähnte Ungleichheitsentwicklung in der Vermögensverteilung in Deutschland. Das gefährdet die Stabilität unserer politischen Ordnung, weil sich das Gefühl breit macht, einige wenige entscheiden und wir schauen zu und dürfen alle vier oder fünf Jahre mal abstimmen. Weiter haben wir das Problem von mangelnder Partizipation ganzer Bevölkerungsteile, die sich im politischen und sozialen System abgehängt fühlen. Eine große Herausforderung sehe ich auch in einer noch nicht gelebten neuen Kultur des Geschlechterverhältnisses.

*Wie müsste ein solcher Gerechtigkeitsdiskurs ablaufen und welche Akteure müssten beteiligt werden?*

Julian Nida-Rümelin: Ein Diskurs findet ja immer irgendwie statt. Aber man muss noch stärker auch die Betroffenen aktiv in den Diskurs einbeziehen um dort auch die tatsächlichen Bedarfe abzufragen.

*Kann so ein Diskurs im Ergebnis auch zu einem ein europäischen Sozialstaatsmodell führen und wenn ja, wie könnte es aussehen?*

Julian Nida-Rümelin: In Europa unterscheiden wir – dem dänischen Politikwissenschaftler Gøsta Esping-Andersen folgend – drei verschiedene Typen von Wohlfahrtsstaaten: liberale, konservative und sozialdemokratische Wohlfahrtsstaaten. Alle drei Modelle finden wir in Europa mehr oder weniger realisiert, aber daraus lässt sich kein einheitliches europäisches Sozialstaatsmodell basteln.

*Wie könnte man sich dennoch einem europäischen Sozialstaatsmodell annähern?*

Julian Nida-Rümelin: Ich plädiere dafür, in einem gemeinsamen Währungsraum zumindest die entsprechenden Politikfelder wie beispielsweise Fiskalpolitik oder Wirtschaftspolitik zu koordinieren Es sollte dann beispielsweise einen europäischen Finanzkommissar und einen europäischen Wirtschaftsminister geben, der dann die gemeinsame Politik koordiniert. Und ebenso sollte es gemeinsame Leitlinien auch in anderen Politikfeldern geben. Es braucht dann oben und unten Beschränkungen, damit es zum Bespiel nicht zu einem Steuerwettbewerb nach unten oder auch zu einem Sozialwettbewerb nach oben kommt.

*Herr Prof. Nida-Rümelin, herzlichen Dank für das Interview.*

# Uns fällt auf ...

Julian Nida-Rümelin thematisiert die Frage der Gerechtigkeit insbesondere als wesentliche Voraussetzung für Selbstbestimmung und Autonomie. Erst wenn die Werte der Französischen Revolution respektive der Aufklärung, wie Freiheit, Gleichheit, Solidarität, ausbalanciert sind, ergibt sich eine gerechte Gesellschaft. Eine wichtige Rolle schreibt Nida-Rümelin der Solidarität zu, also der Pflicht, denjenigen zu helfen, die hilfsbedürftig sind. Es ist genau diese Frage der Solidarität, die sich uns ganz aktuell stellt. Wie groß ist der Umfang des Hilfebedarfs, und wie verhält er sich zu den individuellen Bedürfnissen? Die Frage stellt sich, wie Nida-Rümelins Postulat der Gewährleistung individueller Rechte und Freiheit umsetzbar ist. Wie können wir sicherstellen, dass beispielsweise auch die Menschen, die wegen Krieg und/oder wegen sozialer Verelendung aus ihrer Heimat fliehen und zu uns kommen, die Möglichkeit erhalten, ein Leben nach eigenen Vorstellungen im Sinne von Selbstbestimmung und Autonomie zu leben?

Eine neue Dimension dieser Frage wird uns in den nächsten Jahren stark beschäftigen: die Klimaflüchtlinge, die auch in unsere Länder streben werden: »Jedes Jahr gehen der Welt Unsummen verloren, weil ökologisch wertvolle Flächen versiegelt oder durch intensive Landwirtschaft zerstört werden. Ein am Dienstag veröffentlichter Uno-Bericht bezifferte den Verlust auf weltweit 6,3 bis 10,6 Billionen Dollar [...] im Jahr. Die verlorenen Werte können Ernteerträge sein, aber zum Beispiel auch sauberes Wasser. Der jährliche Verlust entspricht laut der Studie 10 bis 17 Prozent des weltweiten Bruttosozialprodukts. Nach Angaben der Wissenschaftler könnte die Entwertung der Flächen in den nächsten zehn Jahren zu 50 Millionen zusätzlichen Flüchtlingen führen – alles Menschen, die ihre Heimat verlassen müssen, weil der Boden sie nicht mehr ernähren kann.« (NZZ vom 15. 9. 2015)

Können wir, angesichts dieser Entwicklungen, den Gerechtigkeitsdiskurs national begrenzen? Funktioniert die Idee des nationalen Sozialstaats in absehbarer Zeit überhaupt noch? Welche Freiheiten müssen wir, im Rahmen des von Nida-Rümelin postulierten Wertes »Solidarität«, aufgeben, damit eingewanderte und nun hier ansässige Menschen überhaupt eine Chance bekommen, ein autonomes Leben zu führen? Was können wir tun, damit Menschen sich gar nicht auf die Flucht begeben und in ihren eigenen Ländern eine Perspektive auf ein besseres Leben aufbauen können? Es braucht wohl auch in dieser Frage völlig neue Denkanstöße, denn mit Grenzzäunen und Zuwanderungshöchstzahlen lassen sich soziale, ökologische und ökonomische Missstände nicht beherrschen.

Wenn wir Jeremy Rifkin Glauben schenken wollen – was wir, ehrlich gesagt, nur eingeschränkt tun –, wonach Millionen von Arbeitsplätzen künftig durch die digitale Revolution überflüssig werden und einzig der dritte Sektor, der Non-Profit-Bereich, mit öffentlichen Geldern neue Arbeitsplätze schafft, wie etwa in den Bereichen Soziale Arbeit und Pflege, die aufgrund der ökonomischen und demografischen Entwicklungen drastisch wachsen werden, stellen sich ganz radikale Fragen. Wie können wir angesichts dieser angedrohten Entwicklung künftig unseren eigenen Lebensunterhalt bestreiten, und inwieweit werden wir überhaupt noch in der Lage sein, Hilfsbedürftige zu unterstützen? Wollen wir zulassen, dass künftig allein die Fiskal- und die Wirtschaftspolitik Ausprägung und Umfang der Sozialpolitik bestimmen? Inwieweit können trotz verminderter Steuereinnahmen die heute bekannten Sozialversicherungen finanziert werden? Dazu gehört aber auch die Frage, ob wir mit dieser Reduktion der Unterstützung Hilfsbedürftiger diese nicht einfach auf eine ökonomische Größe reduzieren und ihren Wünschen und Bedürfnissen nach einem befriedigenden Leben gar nicht mehr entsprechen können. Wie wollen wir in einer automatisierten und elektronisierten Welt Menschen mit Behinderungen, Familien, Alten, Migrantinnen und Migranten, Alleinerziehenden oder Jugendlichen eine Perspektive für ein selbstbestimmtes, autonomes Leben geben?

In diesem Sinne haben wir auch Julian Nida-Rümelin verstanden: Es muss ein neuer, viel breiterer Gerechtigkeitsdiskurs stattfinden, der regionale und sogar nationale Denkwelten aufbricht, das Primat der Erwerbsarbeit hinterfragt und die Betroffenen – die »Gebenden« und die »Nehmenden« – einbindet.

# Wer ist verantwortlich?
# Im Gespräch
# mit Neven Subotić

**Neven Subotić** wurde 1988 im heutigen Bosnien geboren. 1989/90 floh seine Familie vor dem Krieg nach Deutschland. Um einer Abschiebung nach Bosnien zu entgehen, siedelte Subotić 1999 in die USA um. 2006 kehrte er nach Deutschland zurück und ist seit 2008 Profifußballer bei Borussia Dortmund. Im November 2012 gründete er seine eigene Stiftung, um Kindern in den ärmsten Regionen der Welt eine bessere Zukunft zu ermöglichen

---

*Herr Subotić, Sie engagieren sich sozial unter anderem mit der von Ihnen gegründeten Neven-Subotić-Stiftung in Afrika in Äthiopien und Mosambik. Sie setzen dort verschiedene Projekte um, wie beispielsweise Brunnen in entlegenen Dörfern zu bauen oder die hygienischen Bedingungen in Schulen durch ordentliche sanitäre Anlagen zu verbessern. Warum tun sie das, warum engagieren Sie sich sozial?*

**Neven Subotić:** Das hat viele Gründe. Aber die größte Motivation besteht sicherlich darin, vor Ort zu sehen, was man konkret selbst bewirken kann. Durch unsere Arbeit sehen wir ganz genau, wo die Hilfe ankommt und wem sie nützt. Und es macht natürlich auch große Freude, Menschen zu helfen, wenn man ihre persönliche Geschichte kennt und sieht, mit welch für uns alltäglichen Dingen man ihnen ein besseres Leben bieten kann. Ein Satz, den wir immer wieder mal Spendern präsentieren, lautet: »Der große Unterschied zwischen uns und vielen Menschen, die nicht in so privilegierten Umständen aufgewachsen sind, ist tatsächlich nur der Ort der Geburt.« Und das sollte nicht darüber entscheiden, ob jemand täglich vier Stunden zu Fuß unterwegs ist, um Wasser zu holen oder ob man stattdessen vier Stunden Zeit hat, um Fernsehen zu schauen und sich entertainen zu lassen. Wir wollen durch unsere Arbeit ein Stück weit zu besseren Lebensbedingungen beitragen und die Chancengleichheit stärken. Denn: ein Kind, das nicht vier Stunden überlebenswichtiges Wasser holen muss, kann stattdessen in die Schule gehen.

*Was genau treibt Sie denn an? Sie könnten sich auch zurücklegen und es Ihnen einfach gut gehen lassen, schließlich haben Sie ihren Traumjob gefunden und verdienen gutes Geld. Warum also ihr Engagement?*

Neven Subotić: Das hat natürlich auch viel mit meinem eigenen Lebensweg zu tun. Als meine Familie noch vor den Jugoslawienkriegen um 1989/90 aus Jugoslawien nach Deutschland geflüchtet ist, haben sie hier sehr viel gearbeitet. Mein Vater hatte drei Jobs, meine Mutter mal zwei, mal einen. Mein Vater war immer auf der Baustelle, meine Mutter war als Putzfrau oder als Altenpflegerin tätig. Beide haben so viel gearbeitet, damit sie Hilfsgüter zu den zurückgebliebenen Leuten nach Jugoslawien schicken konnten. Das hat mir schon imponiert als kleiner Junge. Damals war ich viel zu klein, um das alles richtig verstehen zu können. Aber: Es bleibt natürlich im Kopf und später kann man es dann besser einsortieren, warum sie so gehandelt haben. Ich erinnere mich beispielsweise an ein Foto mit einem vollen Bulli mit Hilfsgütern mit Windeln, Schokolade und Verbandsmittel. Dieser ging dann direkt nach Jugoslawien und hat dort Menschen geholfen. Das fand ich toll.

*Nach einigen Jahren in Deutschland ist Ihre Familie mit Ihnen dann 1999 in die USA gezogen, um hier einer Abschiebung nach Bosnien und Herzegowina zu entgehen. Wie wurden Sie dort aufgenommen und haben Ihre Eltern auch von dort weiter Hilfsgüter gesendet?*

Neven Subotić: Wir wurden sehr herzlich empfangen und man hat uns an vielen Stellen unterstützt. Wir bekamen eine Wohnung, die Raten wurden vorbezahlt und wir mussten es erst im Nachhinein zurückzahlen. Meine Eltern erhielten Sprachunterricht und bekamen Jobs zugeteilt. Irgendwann dann hatten meine Mutter und mein Vater einen super Job und wir konnten wieder etwas für Flüchtlinge aus dem ehemaligen Jugoslawien tun. Das war also wieder sehr beeindruckend, wie meine Eltern immer wieder anderen Menschen geholfen haben und das hat sicherlich auf mich abgefärbt.

*2006, da waren Sie 17 Jahre alt, sind Sie wieder zurück nach Deutschland gekommen, da Sie Ihren Profivertrag beim 1. FSV Mainz 05 unterschrieben haben. Gleichzeitig haben Sie begonnen, sich in Mainz sozial zu engagieren. Was war das für ein Projekt und wo kam die Motivation dazu her?*

Neven Subotić: Genau, ich bin 2006 im Sommer nach Deutschland zurückgekommen, um meinen Traum als Fußballer zu verfolgen und habe glücklicherweise beim 1. FSV Mainz 05 einen Profivertrag bekommen. Der FSV Mainz hatte damals ein Partnerprojekt mit einem Waisenhaus und ich bin dann einfach mal mit zu Besuch gekommen. Da habe ich verschiedene Kinder kennengelernt und mich dann gefragt: »Haben die nicht das gleiche gute Leben verdient wie andere Kinder?«.

Das hat mich damals sehr berührt. Deshalb habe ich mich anschließend im Projekt engagiert und die Kids öfters besucht.

*Und die Kinder waren natürlich happy darüber ...*

Neven Subotić: ... ja, weil sie das Gefühl hatten, dass sie jemand wertschätzt, sie ernst nimmt und gleichzeitig Spaß mit ihnen hat. Das klassische Familienbild kennen sie ja nicht. Die Kinder wachsen einem dann schnell ans Herz und es entsteht eine emotionale Bindung. Und so habe ich mich dann auch nach meinem Wechsel zu Borussia Dortmund weiter engagiert und zwar bei der Initiative Kinderlachen.

*Wieso kam dann irgendwann die Idee einer eigenen Stiftung bei Ihnen auf?*

Neven Subotić: Ich fand das Engagement in den Projekten toll, es hat mir Spaß gemacht und die Initiativen haben immer sehr gute Arbeit geleistet. Aber irgendwann kam der Punkt, an dem ich auch eine eigene Idee hatte, und zwar mich nicht nur lokal beschränken zu wollen, sondern vor allem dort auf der Welt zu helfen, wo die Lebensumstände am härtesten sind, wo es für Kinder am schwersten ist. Und das war die Gründung einer Stiftung.

*Wenn ein Fußballprofi eine Stiftung gründet, die Kindern hilft, riecht das immer auch ein bisschen nach einem Imageprojekt. Bei Ihnen auch?*

Neven Subotić: *(lacht)* Ich muss da wirklich lachen, denn ich finde es traurig, dass öffentliches Engagement direkt mit einem Charity- oder Imageverdacht belegt wird. Derjenige, der sich sozial engagiert – ob Fußballprofi oder nicht, ob mit Stiftung oder ohne – sollte auch mit vollem Herzen dabei sein und wirklich dahinter stehen. Der sollte im Idealfall wirklich selbst

Stunden investieren und das Ganze nachhaltig über einen langen Zeitraum begleiten. Aber: Sobald sich jemand mit unserer Arbeit auseinandersetzt und mit mir spricht, versteht derjenige, wie ernst ich mein Engagement vorantreibe. Ich bin in meiner Stiftung mit sehr vielen Arbeitsstunden unterwegs und versuche auch meinen kompletten Urlaub für die Stiftungsarbeit zu nutzen. Ich darf gar nicht sagen, wie viele Stunden ich hier arbeite *(lacht)*. Also: Es ist mehr als nur ein kleines Hobby für mich.

*Woher nehmen Sie die Zeit und die Motivation für Ihr Engagement?*

Neven Subotić: Der Tag ist einfach zu kurz. Das ist ein Problem, das ich nicht ändern kann. Aber dann sagt man sich: »Schritt für Schritt, das Projekt gehen wir dann eben im nächsten Jahr an«. Meine Motivation ziehe ich neben den persönlichen Begegnungen aus den Resultaten der Stiftungsarbeit. Es ist unglaublich toll zu sehen, wie Menschen davon profitieren und welchen Effekt man erzielen kann – auch wenn man bei so vielen Problemen immer auch das Gefühl hat, nie genug zu schaffen. Es muss noch viel gemacht werden auf der Welt und das fängt bei den Menschenrechten, nämlich Zugang zu sauberem Wasser, guten hygienischen Bedingungen und Bildung an.

*Inwiefern spielt in Ihrer Stiftungsarbeit das Prinzip »Hilfe zur Selbsthilfe« – ein tragendes Prinzip in der Sozialpolitik – eine Rolle?*

Neven Subotić: Wir fokussieren uns darauf, Menschenrechte – Zugang zu Wasser und Zugang zu Hygiene – für die Menschen in den Gegenden mit den härtesten Lebensbedingungen zu verwirklichen. Dabei ist uns wichtig, dass dies langfristig in der Verantwortung der lokalen Bevölkerung liegt – vor allem auch, um hier eine gewisse Nachhaltigkeit sicherzustellen. Dabei wollen wir uns vor allem auch von eurozentrischem Paternalismus distanzieren.

*Was genau verstehen Sie unter Eurozentrismus?*

Neven Subotić: Dahinter steckt der Gedanke, andere Länder nach europäischen Maßstäben, Werten und Normen zu beurteilen und diese Länder so lange als unterentwickelt zu deklarieren, bis sie europäischen Ansprüchen genügen. Wer gibt uns Europäern das Recht zu sagen, was richtig und was falsch ist? Ein Land ist nicht dann entwickelt, wenn es 40 000 Sendungen und 1 000 Fernsehkanäle hat. Wichtig ist dagegen, den eigenen Bürgern einen gesunden Alltag zu ermöglichen und Bedingungen zu schaffen, um Kindern eine Chance zur Verwirklichung ihrer Träume zu geben. Empowerment ist dabei ein zentrales Stichwort, das im Fokus stehen soll.

*Nun engagieren Sie sich in Afrika sehr stark mit Ihrer Stiftung, warum nicht in Deutschland – wenn ich beispielsweise an die hohe Quote der von Kinderarmut betroffenen Kinder denke?*

Neven Subotić: Ich engagiere mich auch in Deutschland – hier leisten wir vor allem Aufklärungsarbeit im Hinblick auf Menschenrechte und wie auch sauberes Trinkwasser und Hygieneeinrichtungen damit zusammenhängen. Dabei wollen wir vermitteln, dass Wasser – eigentlich ein Menschenrecht – für viele Menschen immer noch ein Luxusgut ist. Zudem mache ich bei der »Initiative Kinderlachen« mit, bei der interkulturellen Straßenfußballliga »Bunt kickt gut«, bei »Grünbau« und noch einigen weiteren Projekten. Aber meine Vision geht über Landesgrenzen hinaus: Ich möchte mit meiner Stiftung dort helfen, wo es sonst kaum Hilfe und wohltätige Organisationen gibt und der Alltag besonders hart ist. Deshalb habe ich mich für sehr entlegene Regionen in Äthiopien und Mosambik entschieden.

*Also geht es uns in Deutschland vergleichsweise gut und deshalb der Fokus auf Afrika?*

Neven Subotić: Ich finde es auch sehr wichtig, dass in Deutschland viel im sozialen Bereich getan wird, denn auch hierzulande gibt es Probleme. Aber natürlich sind die Lebensumstände in Deutschland insgesamt deutlich besser als in Äthiopien oder in Mozambik. Deshalb habe ich mich für diese Länder entschieden.

*Bei vielen sozialen Projekten tritt immer wieder das Problem auf, dass Spendengelder veruntreut werden. Wie sichern Sie ab, dass die Hilfe durch Ihre Stiftung vor Ort ankommt?*

Neven Subotić: Zunächst muss man klar sagen: Alle Kosten für den Verwaltungsaufwand der Stiftung – ob Papier, Drucker oder Briefmarke, Flüge, Personalkosten, Dienstleistungen etc. – trage ich selbst. Spendengelder werden also zu 100 % für das Projekt eingesetzt. Mindestens einmal jährlich sichten wir jedes Projekt vor Ort. Einerseits um uns selbst ein Bild davon zu machen, wie mit den Spendengeldern gearbeitet wurde. Und andererseits, um gegebenenfalls Kritik zu äußern und bei Projekten nacharbeiten zu lassen.

*Machen wir mal ein konkretes Beispiel: Ich spende Ihnen jetzt zehntausend Euro ...*

Neven Subotić: Ja, sehr gerne *(lacht).*

*... hundert Euro könnte ich Ihnen vielleicht anbieten (lacht). Aber zurück zur Frage: Woher weiß ich nun, dass mein Geld wirklich in ihren Projekten ankommt?*

Neven Subotić: Zunächst informieren wir Sie über den Spendeneingang und Sie erhalten eine Informationsbroschüre zur Stiftung und über das Projekt, für das sie gespendet haben. Aber auch danach versuchen wir unseren Spendern die Möglichkeit zu geben, die Projekte selbst zu beobachten, um zu sehen, wofür ihre Spenden eingesetzt werden. Dazu schauen wir uns jedes Projekt jedes Jahr selbst an und entscheiden dann, ob die Förderung weiterläuft oder die Spendengelder in ein anderes Projekt investiert werden. Ebenso dokumentieren wir alles sehr detailliert vor Ort mit Fotos, Videos und GPS-Daten, die der Spender nachverfolgen kann. Da sind wir also schon recht transparent und nutzen ein mehrstufiges Prüfsystem, um zu garantieren, dass nicht nur das Geld gut ankommt, sondern dass für das Geld auch gute und nachhaltige Arbeit geleistet wird.

*Nun sind Sie ein sozial sehr stark engagierter Mensch. Wenn Sie Ihre Fußballkollegen betrachten, was erwarten Sie von Ihren Mitmenschen beim Thema soziales Engagement?*

Neven Subotić: Ich bin nicht der Mensch, der viel erwartet. Außer die Leute werden von mir bezahlt, dann schon *(lacht)*.

*Dann formuliere ich es anders: Wünschen Sie sich, dass sich mehr Leute sozial engagieren, insbesondere diejenigen, die wohlhabend sind?*

Neven Subotić: Absolut, aber erwarten kann man es nicht. Ich glaube aber, dass es noch viel Luft nach oben gibt, was das zweifelsohne schon hohe soziale Engagement in Deutschland angeht. Ich hoffe, dass ich durch mein Engagement Leute anstecken kann, die mich als Vorbild sehen. Gleichzeitig hoffe ich, dass solche Engagements generell gesellschaftlich mehr Anerkennung erfahren. Jeder sollte sich bewusst machen, dass seine privilegierte Position nicht unbedingt selbstverständlich ist und wir deshalb auch die Augen nicht vor den Problemen an anderen Orten der Welt verschließen dürfen.

*Brauchen wir also – ich sage es mal plakativ – mehr Subotićs auf der Welt?*

Neven Subotić: *(lacht)* Ich will das nicht mit meinem Namen verbinden, es gibt unzählige Menschen da draußen, die weitaus mehr leisten als ich. Davon brauchen wir mehr.

*Ok, also einigen wir uns auf Folgendes: Wir brauchen mehr Vorbilder, die sich stark sozial engagieren und ihren Ruf und ihre finanziellen Möglichkeiten dazu nutzen können.*

Neven Subotić: Ja, und das sollte auch stärker medial transportiert werden, denn es gibt viele Menschen, die sich engagieren, sich nicht an erster Stelle sehen und sich für ihre Mitmenschen einsetzen. Darüber hört man in den Medien aber nur sehr wenige Geschichten und es wird für meinen Geschmack zu wenig beleuchtet und gewürdigt. Würde man das Thema Altruismus medial mehr beleuchten, würde es sicherlich ein größerer Teil der Gesellschaft sein, der sich engagiert. Ich glaube, viele Menschen stellen sich soziales Engagement unheimlich schwer vor. Genau an diesen Stellen können die Medien aber auch Informations- und Aufklärungsarbeit leisten.

*Wir haben über ihre Projekte und die damit verbundenen Probleme in Äthiopien und Mosambik gesprochen. Was glauben Sie, ist aus Ihrer Sicht mit das größte soziale Problem, das wir in Deutschland haben?*

Neven Subotić: Nicht erst seit jüngster Zeit erneut durch die Flüchtlingsproblematik angefeuert, sondern eigentlich schon seit Jahren in der Diskussion, ist für mich das Thema »Integration« ein großes soziales Problem in Deutschland.

*Sie sind selbst Migrant, wie waren die ersten Jahre in Deutschland für Sie?*

Neven Subotić: Ich war ja noch ein Kind und als Kind – das ist das Schöne – bist du einfach ein ehrliches Wesen, das Spielkameraden sucht. Man geht also raus auf den Spielplatz und man hat Spaß. Da geht es mit der Integration recht schnell, das war kein Problem. Ich bin in einem kleinen Dorf aufgewachsen mit 4500 Einwohnern im Schwarzwald. Da gab es viele Familien, die eine ähnliche Geschichte hatten wie wir. Die meisten, die ich aus dieser Zeit heute noch kenne, sind total eingegliedert und fühlen sich den Leuten im Dorf verbunden. Und wenn man gut Fußball spielt – mein Vater konnte auch gut spielen – dann mögen dich die Leute in Deutschland sowieso *(lacht)*.

*Als Migrant kennen Sie auch die Ungewissheit, die das Verfahren einer Aufenthaltsgenehmigung mit sich bringt: manchmal wird sie um sechs Monate, manchmal nur um einen Monat verlängert und manchmal gar nicht. Ihre Familie und Sie wurden aus Deutschland abgeschoben, Sie hatten aber Glück und konnten durch ein soziales Programm der USA dorthin auswandern. Wenn Sie heute einen Blick auf die aktuelle Flüchtlingskrise werfen: Haben Sie das Gefühl, dass die Politik momentan total überfordert ist?*

Neven Subotić: Das ist ein sehr komplexes Thema und ist extrem schwer zu lösen. Wir können einerseits nicht unendlich viele Flüchtlinge aufnehmen und sie alle menschenwürdig versorgen und wir können andererseits auch nicht einfach die Türe zuschlagen und sie woanders hinschicken. Jedes Land muss seine Pflicht erfüllen, aber diese Pflicht ist nicht definiert. Wie viele Flüchtlinge wir also letztlich aufnehmen können, kann man nicht sagen. Natürlich wirkt die Politik angesichts der Masse an Flüchtlingen gerade überfordert.

*Glauben Sie, es würde helfen, wenn sich mehr private Institutionen, private Wohlfahrtsproduzenten oder Persönlichkeiten wie Sie stärker gegen soziale Problemen engagieren und den Staat damit entlasten würden?*

Neven Subotić: Klar, dafür sind Stiftungen doch unter anderem da. Und private Unternehmen, die mit sozialen Dienstleistungen Geld verdienen, sollten auch ihre Chance haben, wenn sie ihre Arbeit gut machen. Ich glaube, da brauchen wir einen gesunden Mix. Man kann vom Staat schließlich nicht alles fordern. Nichtsdestotrotz denke ich, dass diese nicht-staatlichen Organisationen mittlerweile an ihrem Limit sind. Der Staat sollte eigene Kapazitäten dafür bereitstellen.

*Kommen wir zum Thema soziale Gerechtigkeit. Könnten Sie das definieren, was für Sie Soziale Gerechtigkeit bedeutet?*

Neven Subotić: Soziale Gerechtigkeit heißt für mich ganz einfach, dass alle fair behandelt werden. Schauen sie beispielsweise in den letzten Monaten in die USA: Dort gibt es wieder starke Auseinandersetzungen zwischen Amerikanern mit weißer und mit schwarzer Hautfarbe. Das ist leider schon ein alter Hut mit einer sehr langen Geschichte und zeigt aus meiner Sicht ziemlich klar ein hohes Maß an sozialer Ungleichheit und Chancenungerechtigkeit. Egal welche Hautfarbe, egal welches Herkunftsland, egal welche Religion, egal ob Ober- oder Unterschicht, alle Bürger sollten unter den gleichen Regeln leben, gleich fair behandelt werden und durch bestimmte Basisleistungen, wie beispielsweise einer Krankenversicherung, sozial abgesichert sein. Eine gute Grundversorgung von jedem Bürger gehört für mich also zu sozialer Gerechtigkeit.

*Glauben Sie, dass wir in Deutschland eine gute Grundversorgung für jeden Bürger haben und es bei uns sozial gerecht zugeht?*

Neven Subotić: Insgesamt schon, insbesondere im Vergleich mit anderen Ländern wie beispielsweise den USA. Aber natürlich gibt es Unterschiede.

*Für Sie als Profifußballer entscheidet eine gute Leistung über ihren Einsatz und Ihre Zukunft. Wenn Sie eine gute Leistung auf dem Platz bringen, wird das auch honoriert, das heißt, Sie erhalten einen guten Vertrag, bekommen Lob vom Trainer, verdienen viel Geld und andere Vereine werden auf Sie aufmerksam. Das Prinzip der Leistungsgerechtigkeit zieht dort also sehr stark: sie leisten viel, also kriegen Sie auch viel – überspitzt gesagt. Was ist aus Ihrer Sicht wichtiger: Chancengleichheit – alle haben die gleichen Startchancen – oder Leistungsgerechtigkeit?*

Neven Subotić: Das kann man kombinieren und schließt sich für mich nicht aus. Dennoch sollten zunächst alle die gleiche Startchancen haben, insofern sehe ich das Prinzip an erster Stelle. Denn: Nur wenn alle die gleichen Startchancen haben, besteht auch eine Gerechtigkeit in dem, was alle leisten können. Ich stelle mir das wie ein 100-Meter-Rennen vor: Alle starten vom gleichen Punkt. Ab dann aber schafft derjenige es am Weitesten, der auch am schnellsten läuft und dafür hart gearbeitet hat.

*Ein konkretes Beispiel zum Thema Chancengleichheit: Von 100 Kindern aus Arbeiterfamilien schaffen es nur 23 Kinder an die Hochschule, von 100 Kindern aus Akademikerfamilien schaffen es dagegen 77 an die Hochschule. Die soziale Herkunft hat hier also erheblichen Einfluss auf die Chancengleichheit.*

Neven Subotić: Daran muss die Politik und die Gesellschaft, d. h. Eltern, öffentliche Einrichtungen, etc. arbeiten. Die Unterschiede sind zu dramatisch, die Chancen sollten für beide Gruppen gleich sein.

*Wenn Sie zurück blicken auf Ihre jetzige Karriere: Wie haben Sie damals die Startchancen erlebt, als Sie nach Deutschland gekommen sind?*

Neven Subotić: Im Fußball gut, ich hatte die gleichen Möglichkeiten wie meine Teamkameraden. Aber: Ich habe auch hart für meinen Erfolg gearbeitet.

*Als Fußballprofi haben Sie ein sehr hohes Einkommen, was sicherlich um ein Vielfaches höher ist als beispielsweise das Einkommen einer Kindergärtnerin, die sehr wertvolle Arbeit leistet. Empfinden Sie das als sozial gerecht?*

Neven Subotić: Ich glaube, Vieles ist ungerecht im Leben. Und natürlich fällt der direkte Vergleich zwischen mir und einer Kindergärtnerin nicht fair aus. Ihre Verantwortung ist eine ganz andere als meine. Aber für meine Arbeit und meinen Verein trage ich ebenso Verantwortung. Wenn ich und meine Mitspieler schlecht spielen, dann würden wir absteigen, der Verein würde weniger Geld einnehmen und das wird auf die Dauer auch Arbeitsplätze kosten. Also muss ich sehen, dass ich meiner Verantwortung gerecht werde. Dafür erhalte ich viel Geld. Ich fände es gerechter, wenn eine Kindergärtnerin für Ihre Verantwortung deutlich mehr Geld erhalten würde.

*Also sollte sich das Einkommen nach dem Verantwortungsgrad richten, den eine Person im Beruf einnimmt?*

Neven Subotić: Ja, und da gibt es natürlich noch viel mehr Berufe mit hoher Verantwortung wie beispielsweise Ärzte oder Lehrer. Ich würde mir wünschen, dass Lehrer, die ebenfalls eine sehr wichtige Rolle im Lebensabschnitt eines Menschen spielen, mehr Geld verdienen würden. Darüber könnte man auch einen Anreiz schaffen, die Qualität von Bildung zu erhöhen.

*Ist Geld denn die Lösung von vielen Problemen?*

Neven Subotić: Auf der persönlichen Ebene ist Geld aus meiner Sicht keine Lösung für Probleme. Im sozialen Bereich kann es viel bewirken, wie ich selbst durch meine Stiftungsarbeit immer wieder feststelle. Man muss das Geld aber in sinnvolle Arbeit investieren, die andere Menschen fördert, absichert oder ihnen dabei hilft, sich selbst helfen zu können. Es geht in erster Linie darum mit Geld gewisse soziale Rahmenbedingungen herzustellen, die allen Gesellschaftsmitgliedern gleiche Startchancen, Existenzsicherung und eine gute medizinische Versorgung gewährleisten. Damit können bereits viele soziale Probleme gelöst bzw. ihnen vorgebeugt werden. Aber: Geld alleine reicht dort nicht aus, es kommt ebenso entscheidend auf die eigene Verantwortung an. In einem entlegenen Dorf in Äthiopien beispielsweise eine Schule zu bauen, bringt nicht viel, wenn Lehrer und Schüler vor Ort nicht die eigene Verantwortung zum Unterrichten und Lernen wahrnehmen wollen. Die eigene Verantwortung bei der Lösung von sozialen Problemen ist also deutlich wichtiger als das Geld an sich.

*Herr Subotić, vielen Dank für das Interview und weiterhin viel Erfolg mit Ihrer Stiftungsarbeit.*

# Uns fällt auf …

Bei seinem großen und breit gefächerten, persönlichen und finanziellen Engagement ist es Neven Subotić wichtig, wo die Hilfe ankommt und wem sie nützt. Sein breites Engagement hat uns beeindruckt; und seine Äußerungen werfen viele Fragen auf.

Welche Bedeutung hat etwa die Tatsache, dass wir soziales Engagement oftmals synonym setzen mit Freiwilligenarbeit, nebenamtlicher Tätigkeit, Zivilengagement, gemeinwohlorientiertem Handeln, Laienhilfe oder bürgerschaftlichem Engagement? Was meinen wir eigentlich genau, wenn wir von »sozialem« Engagement sprechen? Meint »sozial« die ganze Breite von Handlungen, die andere Menschen betreffen, oder geht es exklusiv um Menschen mit fehlenden Teilhabemöglichkeiten, sei dies Armut, nicht ausreichende Lebensgrundlagen oder fehlende Zuwendung? Meinen wir mit Engagement wirklich jegliche Freiwilligentätigkeit? Wenn ich an einer Pegida- oder an einer Anti-Pegida-Demonstration teilnehme, ist das soziales oder asoziales Engagement? Ist es mehr wert, wenn ich der älteren Frau über die Straße helfe oder wenn ich Geld spende und ein Hilfswerk damit unterstütze, das dort Gutes tut, wo es am nötigsten ist? Ist es soziales Engagement, wenn

IKEA Flüchtlingsunterkünfte entwirft, baut und an verschiedene Länder verkauft, möglicherweise mit Gewinn? Sind Initiativen der Wirtschaft wie Corporate Social Responsibility (CSR) und damit ihr Einsatz für ökologische, soziale und ökonomische Nachhaltigkeit nicht auch soziales Engagement der Wirtschaft?

Bei unseren weiteren Betrachtungen gehen wir von der Hypothese aus, dass es sich bei sozialem Engagement darum handelt, soziale Probleme zu mindern, zu lösen oder gar zu vermeiden. Dabei verstehen wir unter »sozialen Problemen« diejenigen Probleme von Menschen, die von einer Gesellschaft (Zivilgesellschaft), einer staatlichen, demokratisch legitimierten Stelle (Politik) oder aus fachlicher Sicht (z. B. der Sozialen Arbeit) als solche anerkannt sind. Dabei ist uns bewusst, dass die Definition sozialer Probleme nicht überall auf der Welt gleich ist und dass sich das gemeinsame Verständnis von sozialen Problemen im Laufe der Zeit aufgrund veränderter sozialer, politischer, moralischer oder ökonomischer Rahmenbedingungen verändern kann (vgl. das vor fünfzig, zehn oder zwei Jahren geltende Verständnis von Gemeinwohl). Wir schließen zudem unterschiedlichste Akteure ein, seien dies Einzelpersonen, Organisationen oder staatliche Stellen, die in irgendeiner Form Ressourcen (Zeit, Geld, Know-how, Arbeit) unentgeltlich zur Verfügung stellen.

Wo und wem soll geholfen werden? Diese Frage weist auf einige Paradoxien und Widersprüche hin. Oftmals braucht es eine mediale Öffentlichkeit, um Zielgruppen identifizieren zu können, die unserer Hilfe besonders bedürfen. Dass öffentliche Aufmerksamkeit entsteht, hat aber im konkreten Fall oft mehr mit dem Versuch zu tun, die Verkaufszahlen eines Mediums zu steigern, als mit dem ehrlichen Bemühen, auf eine vergessene Gruppe von hilfsbedürftigen Menschen aufmerksam zu machen. Sollen wir uns als Freiwillige oder als Hilfsorganisation diesem Mainstream anschließen, der durch die mediale Aufmerksamkeit das Sammeln von Spendengeldern einfacher macht? Müssten wir nicht eher denjenigen Menschen Hilfe zukommen lassen, die von der Weltöffentlichkeit nicht wahrgenommen oder die schon längst wieder vergessen sind? Möglicherweise sind es aber auch zufällige Begegnungen, die Menschen in den Fokus der Hilfsbereitschaft rücken oder der Wunsch, wie bei Neven Subotić, etwas »Eigenes« auf die Beine zu stellen. Auch das eigene Engagement bleibt nicht ohne Wechselwirkungen. Wenn ich durch mein Engagement, das unter dem Titel »Bürgerengagement« oder »Freiwilligenengagement« politisch gefördert wird, dazu beitrage, dass sich der Staat zunehmend von seinen Aufgaben zurückzieht, muss ich mir bewusst sein, dass dadurch professionelle, institutionalisierte Hilfe abgebaut werden kann. Ohne Blick auf den Kontext, in den mein Freiwilligenengagement einzuordnen ist, bleibt die Gefahr von nicht beabsichtigen Wirkungen oder sogar – modern ausgedrückt – von Kollateralschäden (z. B. Budgetkürzungen der öffentlichen Hand). Die Schlüsselfrage, die hier offen bleibt, lautet: Wer wählt aufgrund welcher Kriterien den Ort und die Art der Hilfe aus?

Fraglich ist auch, ob jedes Engagement per se gut ist, weil sich überhaupt jemand engagiert. Hier sind wir dezidiert der Meinung, dass »gut gemeint« nicht automatisch »gut getan« ist. Eine zufällige, kaum nachhaltige Hilfe kann zur Entstehung von neuen Problemen führen, statt bestehende Probleme zu lösen. Es ist auch ein Zeichen von Respekt gegenüber hilfsbedürftigen Menschen, wenn vor der Hilfe konzeptionelle Überlegungen angestellt und mögliche nicht intendierte Wirkungen vermieden werden. Das positive Beispiel des Engagements von Neven Subotić zeigt, wie wichtig es ist, sich Gedanken zu machen über die Nachhaltigkeit eines Engagements, über die Befähigung der Menschen, künftig mit ihren Lebensumständen besser zurechtzukommen, und über die ganze Breite von Folgen für die Hilfsbedürftigen, aber auch für deren Umfeld. Dabei bleibt die Frage offen, wann und wo meine Verantwortung für die Folgen meines Engagements endet. Offensichtlich ist jedoch, dass jedes Engagement auch immer Ungleichheit schafft. Für die Gleichheit der Lebensverhältnisse in einer Region oder gar in der Welt braucht es andere Institutionen.

# Was sind die Probleme?
# Im Gespräch
# mit Serdar Somuncu

**Serdar Somuncu** ist ein deutscher Schriftsteller und Kabarettist türkischer Herkunft. Gelegentlich tritt Somuncu auch als Musiker, Regisseur, Schauspieler oder Synchronsprecher in Erscheinung. Bekannt wurde er nach 1996 mit einer szenischen Lesung von ausgewählten Textstellen aus Hitlers »Mein Kampf«. Seit April 2014 ist Somuncu als Kommentator bei der ZDF-Satiresendung »heute-show« zu sehen. Er ist Mitglied im P.E.N.-Zentrum deutschsprachiger Autoren im Ausland des Schriftstellerverbandes P.E.N.

---

*Herr Somuncu, wie geht es uns in Deutschland insgesamt?*

**Serdar Somuncu:** Gut, sehr gut. Ich würde sagen, dass es uns besser als den meisten anderen Menschen auf der Welt geht. Natürlich gibt es auch in Deutschland Menschen, denen es nicht so gut geht, aber das Niveau, auf dem man in Deutschland lebt, ist insgesamt ein sehr hohes. Sowohl die Abfederung durch die sozialen Systeme, als auch das was sich jeder Einzelne leisten kann. Und neben dem finanziellen Wohlstand muss man auch berücksichtigen, dass man in Deutschland eine große Freiheit hat, sagen und tun zu können, was man will.

*Sie sagen es geht uns gut, fast täglich hört man aber Klagen und Unzufriedenheit. Jammern wir auf hohem Niveau?*

Serdar Somuncu: Ich weiß nicht, wer jammert denn? Ich nicht. Und ich glaube, es ist auch ein Klischee, dass die Deutschen immer nur jammern. Jammern gehört dazu, weil es ja auch eine Form von Auseinandersetzung ist mit den nicht immer positiven Gegebenheiten. Aber es ist kein Wesensmerkmal der Deutschen, sich über alles zu beklagen. Ich glaube, man kann keiner Nationalität zuschreiben, irgendwie zu sein. Es wird gerne versucht Nationalitäten in Typologien zu kategorisieren, damit gerät man gleichzeitig aber auch in einen ganz primitiven Chauvinismus. Es gibt nicht den Türken, der immer so ist wie alle anderen Türken, so wie es auch nicht den Deutschen gibt, der Deutschland repräsentiert. Ich war mal Türke, schimpfe mich jetzt auch Deutscher – was ist also typisch deutsch? Das lässt sich nicht mehr definieren.

*Also Jammern wir auf hohem Niveau und haben keine sozialen Probleme in Deutschland?*

Serdar Somuncu: Es geht uns relativ gut, aber die Kehrseite dieser Relation ist, dass es tatsächlich Menschen gibt, denen es nicht gut geht. Menschen, die unter der Armutsgrenze leben, die in einem hoch entwickelten Land mit sehr wenig Geld auskommen müssen. In unserem Land müsste es aber eigentlich selbstverständlich sein, dass jeder etwas zu Essen und zu Trinken, eine anständige Wohnung und einen vernünftigen Job hat. Wir sind im Vergleich zwar viel weiter als zahlreiche andere Länder, aber immer noch nicht so weit, dass wir ein allumfassendes und grundversorgendes Sozialsystem aufweisen können, was für alle gleich greift.

*An welchen Punkten haben wir großen Nachholbedarf in Deutschland?*

Serdar Somuncu: Da gibt es sehr viele Punkte und kritische Fragen wie: Sind die Menschen in Deutschland wirklich sozial abgesichert? Lohnt es sich in Deutschland Kinder zu kriegen? Fördert oder behindert der Staat das? Ist es sinnvoll, Menschen mit einer BAföG-Belastung, die einem Kredit gleicht, in das Berufsleben zu schicken? Oder vertraut der Staat seinen Bürgern und versucht sie zu unterstützen, um später etwas zurückzuerhalten? Es gibt also viele diverse Punkte, die in unserer Gesellschaft offen und entwicklungsbedürftig sind. Von einem idealen Konstrukt sind wir also weiter entfernt, verbessern kann man an vielen Stellen.

*In Ihren Fragen sprechen Sie die Bildungspolitik, die Arbeitsmarktpolitik, die Familienpolitik und die Sozialpolitik in Deutschland an. Wo besteht der dringendste Handlungsbedarf?*

Serdar Somuncu: Das müssten wir weiter konkretisieren. Nehmen wir beispielsweise den Bereich der politischen Bildungsarbeit und daraus den Ausschnitt Aufklärungsarbeit: Da besteht die große Frage, ob der Staat wirklich seine Verantwortung erfüllt, ausreichend Aufklärungsarbeit zu leisten und junge Menschen in ihrem Werdegang politisch so zu unterstützen, dass sie nicht auf eine schiefe Bahn geraten? So werden Fragen durch den Staat, beispielsweise rund um das Gedeihen einer rechtsextremen Szene in Deutschland oder auch um die immer größer werdende Gefahr durch einen radikalen Islamismus, nur marginal besprochen und behandelt. Und oftmals erst dann, wenn es schon zu spät ist und daraus bereits ein Problem geworden ist.

*Haben Sie ein konkretes Beispiel dafür?*

Serdar Somuncu: Nehmen Sie die Asylpolitik: Erst wenn ein Asylantenheim überfallen wird – was im Augenblick die traurige Realität ist – dann reagiert die Politik mit Betroffenheitsgesten darauf. Eine wirklich fundierte Idee, wie es sich in dieser Gesellschaft verhindern lässt, dass der Teufel des Nationalsozialismus oder des radikalen Islamismus an Kraft gewinnt, die fehlt mir. Das liegt zum Teil auch daran, dass Parteien sehr affektgesteuert agieren. Sie propagieren oft vor Wahlen Thesen, die ihnen möglichst viele Wählerstimmen bringen könnten, aber nach Wahlen dann doch sehr stark am Konsens interessiert sind, um an der Macht zu bleiben. Das hat man beispielsweise bei der SPD gesehen, die faktisch ihre Grundfeste verraten hat, als sie die Tarifautonomie in Frage gestellt hat. Das sieht man aber auch bei den Grünen, die sich von einer Umweltpartei hin zu einem Steigbügel für Regierungsbildung entwickelt hat und sogar an Kriegen beteiligt war, obwohl sie sich immer auf ihr pazifistischen Grundideen gestützt hat.

*Ist die Politik an vielen Stellen vielleicht einfach nur überfordert angesichts der zahlreichen Problemlagen?*

Serdar Somuncu: Ja, sie ist überfordert und sie reagiert tatsächlich im Affekt. Beim Thema Flüchtlinge ärgert mich beispielsweise momentan sehr, dass wir aus einer langen, langen Phase der latenten Ausländerfeindlichkeit hin zu einer Phase der übertriebenen Ausländerfreundlichkeit gekommen sind. Es darf gar nicht mehr in Frage gestellt werden, wie viele Menschen überhaupt nach Deutschland kommen können, wie wir sie integrieren und was das für unsere Sozialsysteme bedeutet. Wir müssen uns aber auch offen an diesem Diskurs beteiligen, damit wir eben nicht im Affekt auf sie reagieren, wenn diese Menschen auf einmal hier sind. Da wünsche ich mir mehr Mut, diese Themen offen und angstfrei zu besprechen. Aktuell unterscheidet man beispielsweise zwischen guten und schlechten Ausländern. Die guten sind die Syrer, die Akademiker, die ihren Mercedes vor der Tür stehen haben, nur zeitweilig hier hinkommen und vielleicht sogar gerne Deutsch lernen. Die schlechten sind die Roma und die Sinti, die wir alle nicht hier haben wollen. Und während wir auf der einen Seite überlegen, wie viele Flüchtlingsheime wir in die Großstädte Deutschlands pflanzen können, überlegen wir auf der anderen Seite, wie wir die Gesetze noch restriktiver machen können, damit Balkanflüchtlinge bei uns keinen Zutritt mehr zu den Sozialsystemen finden. Das finde ich verlogen. Da wünsche ich mir, dass die Politik – und sie ist sicher überfordert – dort direkter rangeht. Stattdessen hat sie Angst davor, Mehrheiten zu verlieren und agiert populistisch.

*»Offener ansprechen«? Wenn ich an die Debatte um Sozialtourismus denke, mag das zwar ein populistischer Gedanke ein, aber auch ein sehr offener mit dem man durchaus Wählerstimmen verlieren kann.*

Serdar Somuncu: Zu einer differenzierten Auseinandersetzung gehört auch die Frage danach, was diese Begriffe bedeuten und wohin sie in ihrer Konsequenz führen. Sozialtourismus bedeutet erstmal, dass ein nicht in Deutschland lebender Mensch unberechtigter Weise von unserem Reichtum profitieren will. Er kommt in unser Land – so die Aussage –, weil man schnell an Sozialhilfe kommt und man sich damit dann den Lenz machen kann. Das ist eine Lüge. Die wenigsten Menschen, die ich hier sehe, machen sich einen Lenz, geschweige denn kriegen Sozialhilfe hinterhergeschmissen, ohne dass sie sich ihren Arsch dafür aufreißen müssen. Die Menschen kommen hier her, weil es ihnen in ihren Ländern schlecht geht. Daran tragen wir Mitschuld, weil wir diese Länder zum größten Teil auch ausbeuten, damit wir sehr schnell und zudem günstig an unsere Güter kommen. Ein gutes Beispiel dafür ist Kleidung: Sie kaufen vielleicht bei Tommy Hilfiger oder bei Hennes und Mauritz. Da gucken Sie auf das Preisschild und dort steht 7,99 Euro, weil es irgendwo in Bangladesch hergestellt wird. Das heißt, wir profitieren von den sozial ungerechten Bedingungen in diesen Ländern und nutzen diese aus. Das ist auch eine Form von Sozialtourismus, nur in die andere Richtung.

*Es gibt eine neuere Studie, die aufzeigt, dass Migranten den Sozialstaat stützen, weil sie mehr einzahlen als sie letztlich vom Staat an Transferleistungen erhalten. Warum hält sich das Bild vom Sozialtourismus dennoch so stark?*

Serdar Somuncu: Weil es funktioniert. Wenn man irgendjemanden zum Sündenbock macht, kann man damit auch viele Leute auf seine Seite ziehen. Wenn die CSU im Bierzelt schreit »Wir wollen nicht, dass noch mehr Sozialschmarotzer nach Deutschland kommen!«, dann erreicht sie damit ihre Klientel. Sie appelliert damit an die Urängste der Menschen vor Überfremdung und triggert sie zugleich an. Aber Zahlen sprechen eben eine andere Sprache und ohne übertrieben ausländerfreundlich zu sein: Es tut Deutschland gut, wenn hier fremde Menschen leben und sich in die Gesellschaft einbringen – sei es durch ihre Arbeitskraft oder weil sie alleine ihre Idee bereits mit in unser Land bringen. Hinzu kommt noch, dass Migranten ja ebenfalls als Arbeitgeber auftreten können, so Arbeitsplätze schaffen und damit für einen Anteil am Bruttosozialprodukt sorgen. Ohne Migranten wären wir in Deutschland also ein wesentlich ärmeres Land.

*Abseits der Diskussion um Migranten: Geht es in Deutschland denn insgesamt sozial gerecht zu?*

Serdar Somuncu: Relativ ja, wir sind sozial gerechter, als andere Länder. Aber es gibt andere Länder, in denen es noch gerechter zugeht. Holland war beispielsweise bekannt für relativ hohe Sozialleistungen. Die Kehrseite aber: Sie haben trotz hoher Sozialleistungen jahrelang von ihren Bürgern nur wenig

Engagement gefordert. Damit haben sie aktuell ein Problem. Heute sind die Steuergesetze in Holland weitaus restriktiver als in Deutschland und auch der Sozialstaat in Holland wurde zurückgebaut. In Deutschland sind wir in einer gesunden Mitte, aber: Es gibt sicher Vieles zu verbessern.

*Was bedeutet für Sie soziale Gerechtigkeit?*

Serdar Somuncu: Für mich ist soziale Gerechtigkeit, dass jeder für das, was er tut auch Ähnliches erhält. Und dass es keine Klassenunterschiede gibt, wie man sie beispielsweise bei der Entlohnung von Männern und Frauen, die den gleichen Job machen, oder beim Vergleich Ost-West immer noch gravierend feststellt. Soziale Gerechtigkeit bedeutet für mich aber auch eine Chancengleichheit. Das heißt, dass jeder Mensch unabhängig von seiner Schichtzugehörigkeit und seinen finanziellen Möglichkeiten, das gleiche Angebot vom Staat bekommen muss, sich entwickeln zu können. Soziale Gerechtigkeit heißt für mich auch beispielsweise, dass Homosexuelle heiraten dürfen, dass sie die gleichen Rechte haben wie heterosexuelle Ehepartner und dass sie vor dem Gesetz und der Kirche gleichgestellt sind. Die Kirche ist eine wichtige Grundfeste der deutschen Gesellschaft und für mich zwingender Partner, um Deutschland sozial gerechter zu machen.

*In der Politik und Wirtschaft werden immer wieder Rufe nach einem stärkeren Abbau des Sozialstaats laut, andere befürworten dagegen den weiteren Ausbau. Was denken Sie, welchen Ruf hat unser Sozialstaatsmodell in der Bevölkerung?*

Serdar Somuncu: Eine wichtige und richtige Reform des deutschen Sozialstaatsmodells war die Agenda-2010-Reform unter dem ehemaligen Bundeskanzler Gerhard Schröder. Durch sie wurde das System verändert und man hat unter anderem zwei unterschiedliche Sozialleistungen zu einer vereint. Das war aus meiner Sicht richtig, allerdings ist die Höhe der Grundsicherung eindeutig zu niedrig. Ein weiterer Abbau von Sozialleistungen wäre falsch, da wir uns bereits an einem unteren Limit befinden. Die betroffenen Menschen sollen davon ja nicht in erster Linie ihr Überleben absichern, sondern auch ein einigermaßen gutes Leben führen können. Dazu gehört Gesundheit, eine geheizte Wohnung und das sie auch Mal ihre Oma anrufen können. Insofern denke ich, dass der Sozialstaat bei uns einen guten Ruf genießt. Vergleichen Sie nur mal unser System der gesundheitlichen Absicherung mit beispielsweise den USA. Dort sind Gesundheitsleistungen für den normalen amerikanischen Staatsbürger nicht so erschwinglich und so selbstverständlich wie für einen bundesdeutschen Staatsbürger. Alles in allem also glaube ich, dass die in Deutschland lebenden Menschen sich der Vorteile des deutschen Sozialstaatsmodells sehr bewusst sind.

*Also soll es Ihrer Meinung nach keinen weiteren Abbau von Sozialleistungen und bestimmten Elementen im Sozialstaat geben?*

Serdar Somuncu: Eine weiteren Abbau nicht unbedingt, aber von einigen Dingen kann man sich mittlerweile lösen, wie zum Beispiel vom Solidaritätsbeitrag. Braucht die eine Hälfte Deutschland wirklich noch die Unterstützung der anderen? Oder ist es nicht mittlerweile umgekehrt, muss die andere eigentlich nicht mittlerweile vielmehr Unterstützung gekommen? Ebenso befürworte ich eine Vereinfachung des Steuersystems. Das ist mittlerweile so komplex, wird von niemandem mehr verstanden und führt nicht selten zur dramatischen Verschwendungen, die an anderer Stelle fehlen. Die Milliarden, die beispielsweise der Berliner Flughafen verschluckt hat, hätte man sinnvoller auf Hartz-IV-Empfänger verteilen können.

*Soziale Gerechtigkeit hat immer auch etwas mit Teilhabe zu tun. Teilhabe am öffentlichen, sozialen und politischen Leben. Wie schneiden wir dabei in Deutschland ab?*

Serdar Somuncu: Anfang der 2000er Jahre gab es eine große Politikverdrossenheit, in denen es gerade junge Leute als schick empfunden haben, dieses wertvolle Mittel der Selbstbestimmung einfach zu ignorieren. Ich bin froh, dass sich das mittlerweile wieder geändert hat. Denn man kann nur dann fordern, Teil der Gesellschaft zu sein, wenn man auch mitbestimmt und sich in ihr engagiert. Bei den letzten Wahlen, aber auch bei den letzten Debatten beispielsweise um PEGIDA und um die AfD, habe ich eine sehr bewegliche und politisierte Gesellschaft erlebt. Insbesondere habe ich viele junge Leute erlebt, die sich engagieren und von einem positiven Deutschlandbild überzeugt sind und dieses verteidigen. Aber: Schaut man sich die Wahlbeteiligung bei der letzten Bundestagswahl an, sieht das Bild nicht mehr so gut aus. Selbst die scheinbar undemokratische Türkei – das ist sie in Teilen sicher, aber in manch anderen Teilen ist sie eben Deutschland voraus – hatte bei der letzten Wahl eine gigantische Wahlbeteiligung von 86 Prozent. Das ist in Deutschland utopisch, wir liegen gerade mal 70 Prozent.

*Woran liegt es, dass sich die von Ihnen angesprochene Politikverdrossenheit wieder verflüchtigt hat?*

Serdar Somuncu: An der Bildung. Die Zeit, in denen Leute Abitur gemacht haben, die noch nicht einmal wussten, was die Hauptstadt von Russland ist, ist vorbei. Die neue heranwachsende Generation ist auf der einen Seite sehr technologisiert und weiß die Vorteile der neuen Medien zu nutzen. Auf der anderen Seite legt sie aber auch viel Wert auf Allgemeinbildung und weiß, dass jede Form von Bildung auch immer ein Fortschritt ist und die Möglichkeit bietet, sich weiterzuentwickeln.

*Sie haben speziell die Jugend angesprochen. Was ist mit der Teilhabe von beispielsweise ärmeren Bevölkerungsschichten, die im Vergleich zu gut situierten Bevölkerungsteilen nur noch deutlich seltener zur Wahlurne gehen? Der Zusammenhang lässt sich besonders gut im direkten Vergleich von ärmeren und reicheren Stadtvierteln belegen. Werden da bestimmte Gruppen von politischer Teilhabe abgehängt?*

Serdar Somuncu: Das weiß ich nicht. Das Problem liegt tatsächlich darin, dass sich die Politik zunehmend von den Menschen entfernt. Wenn ich in Talkshows bin, fällt mir immer wieder auf, wie eingespielt die Politiker der unterschiedlichen Fraktionen miteinander reden und wie schwer es ist, als Außenstehender mit ganz simplen, vernünftigen Argumenten zu kontern. Da werden dann Diskussionen geführt, die sehr weit weg von meiner Lebensrealität sind. Und vermutlich gilt das bei Menschen, die aus sozial schwächeren Stadtvierteln kommen, wie beispielsweise Köln-Chorweiler, umso mehr. Die sind überfordert und verstehen die Politiker einfach nicht.

*Weil die Themen zu komplex sind oder weil Politiker es nicht gut und einfach genug erklären können?*

Serdar Somuncu: Weil es zu komplex ist und das ist zugleich ja auch die Gefahr und der große Erfolg solcher kurzfristigen Erscheinungen wie der PEGIDA oder der AfD. Je simpler Politik formuliert wird, desto schneller erreicht man Leute damit. Floskeln und Parolen, die man sonst nicht versteht, werden in einfache, gradlinige Sätze übersetzt. Die Politik der Mitte hat aber auch gerade die Verantwortung, diesen Sprachgebrauch zu besetzen und ihn nicht den Extremen zu überlassen. Nehmen wir das Beispiel Migration: Es ist ganz selbstverständlich, dass die Menschen in Deutschland Angst vor Überfremdung haben, wenn in ihrer Stadt plötzlich eine Moschee gebaut wird. Es braucht dann jemanden, der ihnen diese Angst nimmt und der die Frage stellt, ob diese Moschee notwendig ist oder nicht.

Und darin sind Populisten und Demagogen sehr gut, komplexe Sachverhalte zu vereinfachen und auf konkrete Lebensrealitäten runterzubrechen.

*Ist das Gefühl von politischer und sozialer Teilhabe abgehängt zu sein und mit starker sozialer Ungleichheit konfrontiert zu werden, ein Treiber für die Radikalisierung von Menschen?*

Serdar Somuncu: Menschen radikalisieren sich aus sehr unterschiedlichen Gründen. Manche aus Langeweile, das ist ganz simpel. Andere weil sie aufbegehren gegen die Traditionen ihrer Herkunft. Und wieder andere weil sie fanatisiert-politisiert sind. Also eine universelle Antwort gibt es da nicht. Aber natürlich ist die Weltpolitik der letzten 50 Jahre beispielsweise voller Ungerechtigkeiten und vielleicht verfällt der eine oder andere dann in radikale Ansichten und geht »in den Widerstand« oder »in den Untergrund«. Ich glaube, radikal wird man vor allem dann, wenn man sich von der Mehrheit missverstanden fühlt und wenn man meint, die Mehrheit bekämpfen zu müssen, weil sie einen nicht mehr repräsentiert.

*Braucht es gerade dann ein mehr an direkter politischer Aufklärungsarbeit und Sozialarbeit vor Ort?*

Serdar Somuncu: Die ist wichtig und gut, aber wird immer dann notwendig, wenn das Kind schon in den Brunnen gefallen ist. Viel wichtiger ist aber, dass die Politik frühzeitig Fragen stellt und sich präventiv Gedanken macht. Chorweiler, Neukölln, Düsseldorf-Marxlohe – das sind die Standardbeispiele für Stadtteile in deutschen Großstädten, die von Migranten, hauptsächlich von Türken, unterwandert sind und die man als Belastung und Gefahr empfindet. Wenn wir die Zeit 20 bis 30 Jahre zurückspulen, also Anfang der 1970er, kurz nachdem die ausländischen Gastarbeiter nach Deutschland gekommen sind, hat sich niemand Gedanken darüber gemacht, dass diese Menschen eventuell hier bleiben könnten. Stattdessen hat man jahrelang von einer Übergangssituation gesprochen. Hätte man damals direkt angefangen darüber nachzudenken, wie die sich verändernde deutsche Gesellschaft in 20 Jahren aussehen wird, dann wäre Integrationspolitik heute weniger Sozialarbeit.

*Was verstehen Sie unter Integrationspolitik?*

Serdar Somuncu: Damals war Integrationspolitik, dass der Mann, der im Wohnungsamt saß, zu dem türkischen Gastarbeiter, der eine Wohnung gesucht hat, gesagt hat: »Ähm, gehen sie nach Neukölln. Da sind schon ein paar Türken, mit denen können sie sich unterhalten, wir kriegen nicht so viel von ihnen mit, die Mieten sind billig, eine Schule kriegen sie auch und wenn sie alle untereinander sind, besser so«. Das hat sich geändert, heute nennen wir das Parallelgesellschaft. Ich habe es ja selber so erlebt. Wenn ich in das Ausländeramt gegangen bin, musste ich darum kämpfen, in eine deutsche Schule gehen zu können, in ein deutsches Wohngebiet ziehen zu dürfen und mit Deutschen deutschen Umgang haben zu können.

*Sind wir heute an einem besseren Punkt in der Integrationspolitik angekommen?*

Serdar Somuncu: Ich würde nicht sagen, dass wir gelernt haben und schon gar nicht an irgendwelchen Punkten angekommen sind. Diese Entwicklung ist im positiven Gange. Aber ich weiß auch, wie schnell sich die Debatten wieder verändern können.

*Beim Thema Chancengleichheit von Migranten und Nicht-Migranten kann man nicht unbedingt von einer positiven Entwicklung in Deutschland sprechen: Migranten haben im Bereich der Bildung und Karriereentwicklung einen großen Nachteil gegenüber deutschen Mitbürgern. Das fängt bei sprachlichen Barrieren in der Vor-*

*schule an, geht in der Grundschule mit schlechteren Leistungen beim Lesen, Schreiben und Rechnen weiter und verfestigt sich dann in Schulabschlüssen und dem weiteren Karriereweg. Wo müsste man Ihrer Meinung nach am ehesten ansetzen, um eine stärkere Chancengleichheit herzustellen?*

Serdar Somuncu: Zunächst muss ich nochmal eine Einschränkung machen: Der Migrant ist auch nicht immer per se gut. Manche Migranten benehmen sich wie die letzten Arschlöcher und haben vielleicht gar keine Chancengleichheit verdient, das möchte ich nicht ausschließen. Aber natürlich gibt es Unterschiede – und ich kenne sie aus meinem eigenen Leben – zwischen Deutschen und Nicht-Deutschen. In den 1970er Jahren war das noch viel schlimmer. Mein Bruder musste beispielsweise darum kämpfen auf ein Gymnasium zu gehen, er ist automatisch in der Hauptschule eingeschult worden. Nur nach einer wirklich großen Anstrengung konnte er auf das Gymnasium gehen, das war Mitte der 1980er Jahre. Heute hat sich das verbessert, aber es ist immer noch nicht so, dass ich sagen würde: »In Deutschland lebende ausländische Menschen haben die gleichen Chancen wie Deutsche«. Ein einfaches Beispiel dazu: Bewerben Sie sich mal als Mensch mit türkischem Namen um eine Wohnung. Ich wette mit Ihnen, da werden zehn Deutsche vorgezogen. Und wenn Sie Glück haben und die Wohnung bekommen, dann ist es entweder eine sehr schlechte Wohnung oder Sie haben mit vielen Vorbehalten zu kämpfen. Das ist Realität – immer noch. Ein weiteres Beispiel: Die Großmutter einer Bekannten von mir ist ins Krankenhaus gekommen und der Arzt, der sie behandeln sollte, hatte keinen deutschen Namen. Da hat sie sich geweigert und gesagt: »Ich lasse mich nicht von einem Ausländer behandeln.« und hat gefordert, dass ein deutscher Arzt sie behandelt. Aber trotz allem: Es bessert sich, die Deutschen gewöhnen sich langsam an den Gedanken, dass diese Gesellschaft vielfältiger wird und sie empfinden es nicht mehr nur als Belastung.

*Aber wo genau müsste man ansetzen, um den Prozess zu beschleunigen und beispielsweise die Startchancen von Migranten in der Schule zu verbessern?*

Serdar Somuncu: Indem man nicht mehr danach unterscheidet, woher Leute kommen, sondern was sie mitbringen. Nicht verstanden im Sinne von Profit, sondern verstanden als Engagement, beispielsweise auf eine bestimmte Schule gehen zu wollen und dafür auch den nötigen Ehrgeiz zu zeigen. Es ist ganz wichtig, dass man eben nicht zwischen Menschen unterscheidet, woher sie kommen, an was sie glauben, mit wem sie schlafen oder was sie essen. Jeder Mensch, der in diesem Land lebt, sollte auch eine Chance bekommen, etwas für dieses Land zu leisten und ebenso von diesem Land etwas zurückzubekommen.

*Neben Chancengleichheit wird auch oft das Pendant Leistungsgerechtigkeit betont. Jeder soll also nach seiner Leistung beurteilt werden und so viel erhalten, wie er geleistet hat?*

Serdar Somuncu: Das berühmte Wort vom Fordern und Fördern halte ich immer noch für sehr richtig. Ich finde, zu Chancengleichheit gehört, dass man sagt: »Du kannst etwas kriegen, aber dafür musst du auch etwas leisten. Aber wenn du etwas leistest, dann kannst du dir auch sicher sein, dass du das Gleiche dafür bekommst wie derjenige, der das Gleiche leistet«. Da ist die Diskrepanz aber noch zu groß, beispielsweise zwischen Mann und Frau.

*Also war die Aktivierungslogik – die mit dem Slogan »Fordern und Fördern« durch die arbeitsmarkt- und sozialpolitischen Agenda-Reformen unter Bundeskanzler Gerhard Schröder Einzug in die deutsche Sozialpolitik gefunden hat – ein Schritt in die richtige Richtung?*

Serdar Somuncu: Ja, um den vielen deutschen Sozialschmarotzern erst einmal einen Riegel vorzuschieben *(lacht)*. Nein, das war nur Spaß, das war reine Provokation. Aber das Prinzip finde ich richtig.

*Wie trägt man dieses Prinzip an alte, behinderte und kranke Menschen heran, an Menschen, die den Forderungen einfach nicht mehr nachkommen können?*

Serdar Somuncu: An der Stelle muss dann sehr stark der Gedanke der Solidargemeinschaft greifen. Das heißt also, nicht nur die Verantwortung für mich selbst zu übernehmen, sondern auch für das Leben und das Wohlergehen derjenigen, die nicht mehr alleine für sich sorgen können.

*Das bedeutet, man muss auch differenzieren, von wem man fordern kann und von wem nicht mehr?*

Serdar Somuncu: Derjenige, von dem man fordern kann, hat auch immer eine Verantwortung für denjenigen, der nicht mehr so gut kann – das ist das Prinzip in der Solidargemeinschaft und damit ein wichtiger Teil einer funktionierenden Zivilgesellschaft.

*Stichwort Zivilgesellschaft: Brauchen wir mehr Menschen in Deutschland, die sich sozial engagieren, beispielsweise in der Stadtteilarbeit oder in prominenterer Form wie aktuell Till Schweiger, der selbst ein Vorzeige-Flüchtlingsheim aufbauen will?*

Serdar Somuncu: Soziales Engagement ist erst mal gut und sicher können wir immer mehr davon gebrauchen. Ich denke aber, dass in Deutschland schon sehr viel passiert. Wo man vorsichtig sein muss ist, wenn sich prominente Personen öffentlichkeitswirksam engagieren, das bekommt dann schnell einen Charitycharakter. Und wenn Till Schweiger anfängt Flüchtlingsheime zu bauen, dann würde ich als Flüchtling darauf verzichten nach Deutschland zu kommen *(lacht).*

*Aber er engagiert sich wenigstens ...*

Serdar Somuncu: Woher wissen Sie, dass andere nichts machen? Ich mache auch viel, aber ich schreibe es nicht auf Facebook. Oft ist das »Machen« auch ein Aktionismus, der zu nichts führt. Die Frage, wie ernsthaft man sein Engagement vorantreibt, wird nicht dadurch beantwortet, wie man es in der Öffentlichkeit verkauft. Sie entscheidet sich vielmehr an dem, was man sich selbst an Rechenschaft schuldig bleibt und wie man diese Rechenschaft leisten kann. Und ich kann in meinem Fall sagen: Ich poste auf keiner Seite, was ich mache, aber ich mache schon genug oder vielleicht mache ich auch noch nicht genug. All meine Touren in die viele Ecken, Regionen und Städte in ganz Europa sind immer wieder kleine Engagements, Gespräche mit Leuten und Aktionen, die wiederum zu etwas führen. Da muss ich kein Geld spenden oder mich öffentlich dafür aussprechen, dass ein Flüchtlingsheim gebaut wird. Da kommt dann wieder der Charitygedanke durch, den ich etwas abstoßend finde.

*Kommen wir zu Ihnen als Künstler: Sie waren lange Zeit als Kabarettist unterwegs und haben aus dem Buch von Adolf Hitler »Mein Kampf« vor Publikum vorgelesen. Damit haben Sie sehr stark provoziert, wie die Provokation überhaupt eines Ihrer künstlerischen Stilmittel ist und das Beleidigen in Ihrem Bühnenprogramm auch zum guten Ton gehört. Glauben Sie, man erreicht nur noch so bestimmte Zielgruppen?*

Serdar Somuncu: Also erst mal bestreite ich, dass Beleidigen bei mir zum guten Ton gehört. Entweder es gehört zum schlechten Ton oder ich beleidige nicht. Beides stimmt nicht. Das sind Dinge, die sich über die Jahre hinweg als Merkmal in der Wahrnehmung der Leute festgesetzt haben. Es mag sein, dass das markanteste an meinem Programm ist, dass ich hin und wieder sehr drastisch bin auf der Bühne. Aber wer in meinem Programm war, der sieht, dass es zu großen Teilen aus einer sehr ernsthaften und ambitionierten Ansprache besteht.

*Das bestreite ich nicht.*

Serdar Somuncu: Es gibt eben diverse Aspekte, Stilmittel, die auftauchen, die dem einen oder anderen vielleicht als provokant aufstoßen, die ich aber gar nicht so wichtig nehme und die ich als Teil eines jeden Bühnenstücks empfinde. Provokation ist für mich kein Stilmittel, was ich ausschließlich anwenden würde, um ein Ziel damit zu verfolgen, sondern Provokation ist ein Teil einer Aussage. Deswegen muss sie manchmal stattfinden ohne Rücksicht darauf, wen man damit beleidigen könnte oder wie empfindlich die Menschen sind, die einem gegenüber sitzen.

*Die Frage, auf die ich hinaus will: es gibt einige Menschen in unserem Land, die sich von der Politik abwenden, die geringe Bildungschancen haben, die aufgrund von geringen finanziellen Mitteln nur minimal am öffentlichen und sozialen Leben teilhaben können und die Hoffnung auf ein »gutes Leben« aufgegeben haben. Wie und womit erreiche ich diese Leute noch? Braucht es da jemanden, wie beispielsweise Sie, der provoziert, konfrontiert, wachrüttelt um so in die Köpfe von den Menschen reinzukommen?*

Serdar Somuncu: Ja, vielleicht auch, aber der zentraler Schlüssel ist in erster Linie Bildung. Die Frage ist nur, wie man Bildung vermittelt? Es mag ein wesentlicher Unterschied in meinem Programm zu anderen Programmen sein, dass ich keinen Wert darauf lege, einen offiziellen Sprachgebrauch zu haben. Ich erlaube den Menschen, so wie ich es mir auch selbst zugestehe, in jede Richtung offen zu denken. Und das schätzen die

Zuschauer in meinen Vorstellungen und das öffnet sie zugleich für die Informationen, die ich vermitteln möchte. Meine Information an jedem Abend heißt Toleranz und diesen Punkt erreichen wir, wenn wir auch intolerant sein können. Wenn wir uns auch selbst dabei ertappen können, wie wir intolerant sind und dabei aber auch zugleich bloßstellen können, an welchen Stellen und warum es passiert. Es ist also eigentlich eine Selbstreflexion, die ich antriggere und zulassen will. Im Gegensatz zur Politik kann ich das als Künstler natürlich sehr ungehemmt, weil ich keiner Parteiräson folgen muss ...

*... sie kämpfen nicht um Wähler-, aber um Zuschauerstimmen ...*

Serdar Somuncu: Für mich zählt natürlich, wie viele Leute an dem Abend da sind. Aber selbst wenn es nicht alle wären, die ich bräuchte, könnte ich noch ganz gut damit leben. Da ist die Politik befangener. Ich wünschte mir da den Mut der Politik und der Parteien, dass sie ein bisschen selbstloser und mutiger sein könnten, nicht den Leuten nach dem Mund zu reden. Sie sollten so sprechen, wie sie wirklich denken und das tun gerade Parteileute sehr selten.

*Werfen wir einen Blick auf den Zusammenhang von Wirtschaft und Sozialpolitik: Schließen sich »gutes Geld« zu verdienen und sozial zu handeln für Sie aus?*

Serdar Somuncu: Nö. Muss aber nicht sein. Ich kann auch gutes Geld verdienen ohne sozial zu handeln. Ich kann auch schlechtes Geld verdienen und gut handeln und sozial sein. Ich nehme es auch niemandem übel, wenn er sich trotz materiellem Reichtum nicht engagiert. Ich finde es anmaßend, den Leuten die Pistole auf die Brust zu setzen und zu sagen »Du kriegst jetzt so viel Geld, mindestens die Hälfte davon muss weg«.

*Sind Unternehmen und reiche Persönlichkeiten denn nicht auch dem Gemeinwohl verpflichtet?*

Serdar Somuncu: Das sehe ich, weil ich Steuern zahle, sehr kritisch. Ich glaube, sie sind dem Gemeinwohl verpflichtet, aber ich glaube, das Gemeinwohl ist da gemeiner als wohl *(lacht)*.

*Umgekehrt gefragt: Profitieren Unternehmen auch vom Sozialstaat?*

Serdar Somuncu: Ich glaube, dass der Sozialstaat von Unternehmen profitiert. Deutschland hat einen der höchsten Steuersätze Europas, was zur Folge hat, dass sie als Unternehmer mit einer enormen steuerlichen Belastung leben müssen. Hinzu kommt noch, dass ihr Engagement als Unternehmer hierzulande nicht so honoriert wir, wie es sein sollte. Unternehmerisches Engagement unterstützt unser Gemeinwohl viel stärker, als wenn wir einen höheren Steuersatz haben, dessen Aufkommen dann dem Sozialstaat zugutekommt.

*Die Steuerpolitik in Deutschland empfinden Sie also als ungerecht?*

Serdar Somuncu: Ich bin ja Unternehmer und deswegen betrachte ich Steuerpolitik aus persönlicher wie unternehmerischer Sicht als sehr ungerecht. Fangen wir mit dem Vorbehalt an, der mir als Künstler entgegengebracht wird: Auf der einen Seite werde ich als Künstler überhaupt nicht ernst genommen, ich muss mich um jede beschissene soziale Absicherung kümmern. Auf der anderen Seite werde ich behandelt wie ein Fabrikant oder wie ein Großindustrieller und der Staat sagt: »Ja, Du verdienst doch genug Geld, gib mir die Hälfte«. Das empfinde ich als extrem ungerecht. Und das ist nicht nur beim Staat so: Gehen Sie heute zu einer Bank und haben eine Millionen Umsatz pro Jahr, dann sagt Ihnen die Bank: »Sorry, sie kriegen noch nicht einmal einen Dispokredit«. Wenn Sie aber einen Job haben, bei dem Sie beispielsweise 1 200 Euro im Monat verdienen, schieben sie Ihnen 10 000 Euro Dispokredit auf das Konto.

*Der Blick in die jüngere Steuergeschichte zeigt aber das Einkommen und Vermögen immer weiter entlastet wurden: Die Körperschaftssteuer lag 1946 noch bei 65 Prozent, heute sind es gerade mal 15 Prozent. Und auch der Spitzensteuersatz bei der Einkommensteuer befindet sich auf dem tiefsten Stand seit dem Ende des zweiten Weltkriegs.*

Serdar Somuncu: Das mag sein, aber der Spitzensteuersatz bei der Einkommensteuer liegt immer noch bei 45 Prozent. Das ist fast die Hälfte unseres Einkommens!

*Gut, sie sagen, der Sozialstaat profitiert von den Unternehmen. Nochmal meine Frage: Profitieren denn auch die Unternehmen vom Sozialstaat?*

Serdar Somuncu: Das ist eine interessante Frage. Nein, ich glaube, der Sozialstaat belastet die Unternehmen erst mal. Ich glaube, soziale Gerechtigkeit ist erst mal eine Belastung für einen Unternehmer, weil er ein großes Risiko eingeht, Arbeitsplätze zu schaffen und das im Zweifelsfall aber von einigen Arbeitnehmern ausgenutzt wird.

*Im Zusammenhang mit der Finanzierbarkeit der Sozialsysteme wird oft auch die Demografie bemüht. Die alles entscheidende Frage lautet da: Wie sollen die Sozialsysteme tragfähig bleiben, wenn immer mehr Leute aus dem Erwerbsleben ausscheiden und finanzielle Ansprüche beziehen, während dem gleichzeitig immer weniger Erwerbspersonen gegenüberstehen? Brauchen wir deshalb mehr Zuwanderung in Deutschland, damit die Sozialsysteme finanzierbar bleiben und die Wirtschaft genügend Fachkräfte bekommt?*

Serdar Somuncu: Solange sich die Deutschen vermehren – aber das tun sie ja nicht – brauchen wir keine Zuwanderung. Aber wenn die Deutschen immer weniger werden, dann wird das System immer brüchiger. Wer es nicht gerne fremd hat, der kann ja selber deutsche Kinder machen. Es gibt nur zwei Alternativen – selber machen oder dulden, dass andere es gemacht haben *(lacht)*. Aber nicht motzen, wenn andere hier hin kommen.

*Wir haben viel über das Thema soziale Gerechtigkeit gesprochen: Brauchen wir einen neuen Gerechtigkeitsdiskurs in Deutschland?*

Serdar Somuncu: Ja, sowohl in Deutschland, als auch weltweit.

*Warum?*

Serdar Somuncu: Ein Diskurs bedeutet, dass wir uns die Frage stellen, in welcher Gesellschaft wir leben, in welcher Gesellschaft wir in 20 Jahren leben wollen und ob die Gesellschaft, in der wir jetzt leben, gerecht ist. Meine Antwort ist nein, sie ist es nur bedingt. Sie ist für den Unternehmer nicht, der viele Steuern zahlt und gleichzeitig eine hohe Verantwortung für seine Mitarbeiter übernimmt, die für ihn auch Kosten bedeuten. Und sie ist es für Menschen nicht, die von der Grundversorgung nicht leben können und mit 800 Euro und drei Kindern in einer 1,5qm-Zimmer-Wohnung vor sich hinvegetieren. Da muss es einen Diskurs geben.

*Muss dieser Diskurs von der Politik angeschoben werden?*

Serdar Somuncu: Ja, das ist eines der vornehmlichen Reformprojekte, die für die Politik anstehen. Das große Problem ist momentan, dass sich die aktuelle Politik auf den Plänen der Regierung Schröder ausruht, es aber an der Zeit ist über den nächsten Schritt der Reformen nachzudenken. Zumal wir in einer ganz anderen Phase der deutschen Lebensrealität angekommen sind. Das betrifft die Frage nach der Integration der hier lebenden migrantischen vierten und fünften Generation, das betrifft die Frage der immer älter werdenden Bevölkerung, auch der übrigens migrantischen älter werdenden Bevölkerung und das betrifft bildungspolitische Fragen. Das große Problem der jetzigen Regierung ist, diesen sogenannten Reformstau nicht angehen zu wollen, aus Angst davor, den Grundkonsens, der in der Gesellschaft über die Arbeit der Regierung existiert, zu gefährden. Merkels Erfolgsrezept ist ja eben dieser Grundkonsens und das grobe Gefühl in einem Großteil der Bevölkerung, dass »Mami« das schon irgendwie richtig macht.

*Wer muss bei einem Gerechtigkeitsdiskurs alles mitreden?*

Serdar Somuncu: Ich! *(lacht)* Ich glaube unterschiedliche Gesellschaftsteile. Die Kirche in Deutschland auf alle Fälle, denn man kann die Kirche hierzulande nicht umgehen. Deutschland ist ein Land, das zwar durch und durch säkular ist, aber in dem fast mehr noch als in vermeintlich nicht säkularen Gesellschaften wie der Türkei, die Kirche einen großen moralischen Einfluss hat. Ebenso müssen die unterschiedlichen Schichten – sowohl die sozial schlechter Gestellten, als auch die besser Gestellten –, miteinander reden. Auch die Tarifparteien sollten dabei sein, wenn es um die Frage nach sozialer Gerechtigkeit geht. Insgesamt müssen breite Schichten der Bevölkerung mitdiskutieren.

*Was müsste denn ganz oben auf der Agenda dieses Gerechtigkeitsdiskurses stehen?*

Serdar Somuncu: Das ist im Grundgesetz vorgegeben: Die Würde des Menschen ist unantastbar. Das ist eigentlich ganz einfach. Diesen Kernsatz unserer Verfassung kann man auf alle Bereiche übertragen. Was ist also Würde? Würde heißt nicht

Wohlstand, Würde heißt in einem Umfeld existieren zu können, das einem erlaubt Mensch zu sein. Und dazu gehört eben auch soziale Absicherung.

*Herr Somuncu, vielen Dank für das Interview.*

# Uns fällt auf …

Serdar Somuncu thematisiert als Künstler immer wieder Fragen der Zugehörigkeit zu einer Gesellschaft und zum Umgang mit Andersartigen und Minderheiten, ganz nach dem Motto »Jede Minderheit hat ein Recht auf Diskriminierung«. Damit einher geht auch sein Suchen nach sozialer Gerechtigkeit über die Gesellschaft in nationalen Grenzen hinweg. Somuncu sieht trotz ausgebauter Sozialsysteme insbesondere die Armut als soziales Problem und plädiert für die Sicherstellung eines »einigermaßen gutes Lebens«. Dabei sieht er die Hartz-IV-Sätze als ungenügend an. Was garantiert ein »einigermaßen gutes Leben«? Soll für dieses gute Leben mit Zahlungen aus dem Sozialsystem die ökonomische Grundlage gelegt werden, oder soll ein minimales Grundeinkommen Armut verhindern? Was nützt eine ökonomische Grundsicherung, wenn die betroffenen Menschen dauerhaft desintegriert bleiben, ohne sinnvolle Arbeit? Da unser Sozialsystem auf Erwerbsarbeit beruht, müssten doch eher Maßnahmen mit dem Ziel der Erwerbsaufnahme verfolgt werden anstelle von Zahlungen, die von vielen als Almosen wahrgenommen werden und Menschen in Abhängigkeit halten.

In Ergänzung zu Serdar Somuncus Überlegungen ist aus unserer Sicht unverständlich, wie über Fachkräftemangel geklagt, aber gleichzeitig den Menschen, die bei uns Asyl beantragen, über Monate die Aufnahme einer Erwerbstätigkeit verboten wird. Und auch nach dieser Zeit ist es für diese Menschen aufgrund von Vorurteilen und nicht anerkannten Bildungsausweisen schwer, eine Erwerbsarbeit aufzunehmen, die ihnen die ökonomische Teilhabe an unserer Gesellschaft ermöglicht und sie zu selbstbewussten und aktiven Mitgliedern dieser Gesellschaft macht. Stattdessen bleiben sie von fremder Hilfe abhängig. Damit stellt sich die Frage, wie allumfassend unser grundversorgendes Sozialsystem – parallel zum Wirtschaftssystem – sein soll und ob es für alle Menschen auch gleich greifen kann. Eine zunehmende Zahl an privaten Initiativen zeigt, dass die Vermittlung von Flüchtlingen in eine Erwerbsarbeit schneller und unbürokratischer geschehen kann als oftmals durch offizielle Stellen. Hier besteht unseres Erachtens großer Handlungsbedarf: Zuständigkeiten zwischen Institutionen und Organisationen von Wirtschaft, Sozialwesen und Politik müssen so neu gestaltet werden, dass die Integration von Benachteiligten oberstes Ziel ist.

Serdar Somuncu sieht insbesondere den Staat in der Pflicht, dafür zu sorgen, dass wir ein »einigermaßen gutes Leben« führen können. Wir plädieren in diesem Zusammenhang für die richtige Anwendung des sozialethischen Prinzips der Subsidiarität, nämlich den Menschen mehr Autonomie und Selbstbestimmung zuzuschreiben. Dieses Prinzip sieht vor, dass der oder die Einzelne zuerst einmal für sich selber Verantwortung übernehmen muss. Ist dies – aus welchen Gründen immer – nicht oder nur eingeschränkt möglich (Krankheit, Behinderung usw.), sind Familie, Freunde, Nachbarn gefragt. Ist auch hier die nötige Unterstützung nicht vorhanden, greifen die Organisationen der Zivilgesellschaft oder der Kirchen (soziale Organisationen, Hilfswerke usw.). Kann auch durch diese Träger die benötigte Unterstützung nicht oder nur in zu geringem Umfang erbracht werden, kommt der Staat ins Spiel. Anders ausgedrückt: Aufgaben und Problemstellungen sollen stets von der kleinsten möglichen Einheit bewältigt werden. Übergeordnete Instanzen greifen nur dann subsidiär ein, wenn es unbedingt erforderlich ist. Allerdings – und dies wird thematisch oft unterschlagen – muss die übergeordnete Instanz – also der Staat – dafür sorgen, dass die kleinere Einheit auch in der Lage ist, die Probleme aus eigener Kraft zu bewältigen.

# Wer löst die Probleme?
# Im Gespräch
# mit Edzard Reuter

**Edzard Reuter** studierte Mathematik, Physik und Rechtswissenschaften. Ab 1964 war er bei der Daimler-Benz AG beschäftigt, bis zu seinem Eintritt in den Ruhestand 1994 als Vorsitzender des Vorstandes. Während seiner beruflichen Laufbahn nahm er eine große Zahl von verantwortlichen Aufgaben in Leitungs- und Beratungsgremien deutscher und internationaler Wirtschaftsunternehmen wahr. Bis heute ist Edzard Reuter Vorsitzender des Kuratoriums der Helga und Edzard Reuter-Stiftung und Mitglied des Stiftungsrates der Wissenschaftsstiftung Ernst Reuter.

*Herr Reuter, erste Frage: Sind Sie ein altruistischer Mensch?*

**Edzard Reuter:** Das würde ich deswegen nicht beantworten können, weil ich mich selber ungern qualifiziere. Das sollte man an meinen Äußerungen und an meinen Taten ablesen, aber nicht an meiner Beschreibung.

*Anders gefragt: Haben wir in Deutschland ein großes Problem mit dem Thema Egoismus?*

Edzard Reuter: Das haben wir nicht nur in Deutschland, sondern es ist eine ganz normale menschliche Eigenschaft, an sich selbst zu denken. Das ist jedem Wesen überhaupt auf der Welt zu Eigen und so auch uns Menschen. Die wichtige Frage ist aber: Wie wird diese Eigenschaft eingegrenzt? Dasselbe gilt für Gier. Zentral ist bei diesen Eigenschaften die Frage der Einordnung in eine Gemeinschaft und die Schlussfolgerungen, die daraus zu ziehen sind, dass man Teil einer Gemeinschaft ist. Der extreme Egoist kennt solche Einordnungen nicht oder lehnt sie ab. Ich gehöre nicht dazu.

*Gehören unsere deutschen Eliten dazu?*

Edzard Reuter: Das lässt sich so pauschal nicht beantworten. Gewiss gibt es sehr viele Eliten, die vorranging auf sich selbst und die eigenen Interessen ausgerichtet sind. Es gibt aber eine ganze Zahl anderer Fälle, für die das nicht gilt. Ich kenne nicht die gesamte deutsche Elite, sodass es eine Unverschämtheit wäre, ein Pauschalurteil daraus zu ziehen.

*Wieder anders gefragt: Trägt die Elite in Deutschland eine soziale Verantwortung?*

Edzard Reuter: Natürlich tut sie das. Aber jeder von uns trägt eine soziale Verantwortung. Die Elite – wenn man sie als etwas besonders Qualifiziertes beschreibt – hat dann natürlich auch eine besondere Verantwortung, denn Elite ist nach meinem Verständnis immer eine Gruppe von Menschen, die vorbildlich sein soll.

*Elite muss also Vorbildcharakter haben und soziale Verantwortung auch vorleben?*

**Edzard Reuter:** Vorbehaltlos ja.

*Was genau bedeutet für Sie soziale Verantwortung?*

**Edzard Reuter:** Das ist natürlich schwer zu definieren, weil es eine ganz breite Palette an Themen betrifft. Soziale Verantwortung ist aber eben genau das Gegenteil vom Stichwort Egoismus: nicht nur an sich selbst zu denken, sondern auch zu beachten und entsprechend zu handeln, dass man Teil einer Gemeinschaft ist. Wir alle können nicht existieren, ohne dass es andere Menschen gibt, mit denen wir kommunizieren, von denen wir Vorteile haben und denen wir gleichzeitig etwas verdanken. Wir sind alle eingebunden in eine Gemeinschaft und müssen auf die Menschen, mit denen wir zusammenleben auch Rücksicht nehmen und möglicherweise auch Lasten tragen. Das ist soziale Verantwortung.

*Nun waren Sie lange Zeit auch Wirtschaftsvertreter in Ihrer Funktion als Chef der Daimler-Benz AG und haben insgesamt über 31 Jahre Berufserfahrung im Wirtschaftsleben gesammelt. Gilt die Tugend, soziale Verantwortung zu übernehmen, auch und vielleicht in besonderer Weise für Unternehmen?*

**Edzard Reuter:** Ich weiß nicht, ob das eine besondere Verantwortung ist, aber eine spezifische ist es alleine schon deshalb, weil ein Unternehmen, ob klein, mittel oder groß, immer Menschen beschäftigt. Alleine daraus erwächst bereits eine Verantwortung in Form einer Kümmerverpflichtung. Das andere ist natürlich auch eine soziale Verantwortung gegenüber der Kundschaft, die auf gute und sichere Produkte oder Dienstleistungen vertraut. Und selbstverständlich trägt man als Unternehmen auch eine Verantwortung gegenüber der Umwelt, die man für seine unternehmerische Arbeit in Anspruch nimmt.

*Sie waren in Ihrer Funktion als Vorstandsvorsitzender der Daimler-Benz AG damals einer der Wenigen, der das Thema ökologische Verantwortung von Unternehmen auf die Agenda gebracht hat. Hat man Sie damals noch dafür belächelt?*

Edzard Reuter: Natürlich ist das Bewusstsein über die Verantwortung von ökologischen Belastungen, die man als Unternehmen erzeugt, erst in der Zeit meiner beruflichen Tätigkeit im breiten Umfang entstanden. Das gab es vorher in dieser Form nicht. Dennoch wurden meine Ansätze in diese Richtung ernst genommen. Aber es war natürlich ein Prozess: Das Thema Umwelt und ökologische Verantwortung ist ja erst langsam in das Bewusstsein gekommen, als das berühmte Waldsterben begonnen hat. Vorher gab es dieses Bewusstsein nicht und so haben natürlich zu Anfang in der Unternehmerschaft viele gesagt: »Was soll denn der Quatsch, damit haben wir doch nichts zu tun?«. Erst mit dem Waldsterben ging die Diskussion los, dass Automobile die Umwelt belasten und durch erhöhte Stickoxide in ihren Abgasen auch der Wälder zerstört werden.

*Ökologisches Bewusstsein gilt als eine Dimension in der soziale Verantwortung von Unternehmen erwartet wird. Sie haben eben selbst die soziale Dimension gegenüber Mitarbeitern und auch dem Gemeinwohl erwähnt. Sind Unternehmen hier auch gefordert oder gilt eher der Satz des ehemaligen Präsidenten des Bundesverbands der Deutschen Industrie Michael Rogowski: »Unternehmen sollen Arbeit schaffen, die primäre Verantwortung von Unternehmen liegt nun einmal nicht in der Sozialfürsorge.«?*

Edzard Reuter: Selbstverständlich sind sie gerade in diesem Bereich auch gefordert. Ersetzen wir mal Sozialfürsorge durch den Begriff »soziale Verantwortung«. Das Diktum von Herrn Rogowski ist abgekürzt für sich genommen natürlich grottenfalsch. Aber so wie er es meiner Meinung nach gemeint hat, ist es richtig, denn: Natürlich ist es zunächst einmal die Verantwortung von Unternehmen Arbeit zu schaffen. Aber das schließt soziale Verantwortung, für die Mitarbeiter, für den Ort, an dem ich unternehmerisch tätig bin, nicht aus. Das ist untrennbar miteinander verbunden. Zugleich müssen Unternehmen Steuern bezahlen und kommen auch damit ihrer – im weitesten Sinne – sozialen Verantwortung nach. Deshalb gibt es für meine Begriffe auch keine üblere Missachtung von sozialer Verantwortung als die vielfältigen Versuche, sich durch geschickte Tricks der steuerlichen Verantwortung zu entziehen.

*Gibt es denn heutzutage im Vergleich zu Ihren noch aktiven Zeiten zu wenige »ehrbare Kaufmänner«?*

Edzard Reuter: Eindeutig ja. Der Begriff des ehrbaren Kaufmanns – der bereits im 19. Jahrhundert geboren worden ist – sollte heute noch einen ganz hohen Stellenwert haben. Denn ich bin der festen Überzeugung, dass es nach wie vor kein besseres generelles Wirtschaftssystem gibt als die Soziale Marktwirtschaft. Die Betonung liegt aber auf »Sozialer« Marktwirtschaft und darin spielt der ehrbare Kaufmann, der nach guten Tugenden handelt, eine zentrale Rolle. Wenn Unternehmen sich der sozialen Verpflichtungen innerhalb der Marktwirtschaft entziehen, torpedieren sie damit das Grundprinzip der Marktwirtschaft selbst.

*Ist die Macht- und Geldgeilheit denn gerade in den Chefetagen von Großunternehmen heutzutage größer als früher?*

Edzard Reuter: Mit Blick auf die großen börsennotieren Aktiengesellschaften, ja. Ich stimme aber nicht zu, wenn Sie das auf das Unternehmertun insgesamt beziehen. In Deutschland ist es immer noch so, dass der weitaus größte Teil der wirtschaftlichen Leistung nicht von den großen Aktiengesellschaften kommt, sondern von mittelständischen und Familienunternehmen stammt. Für diesen großen Teil gilt das nicht.

*Wieso hat sich dieses Verhalten mit Blick auf die großen Aktiengesellschaften gewandelt?*

Edzard Reuter: In den 70er und 80er Jahren des vergangenen Jahrhunderts wurde in Amerika das System des »Shareholder Value« von der berühmten wirtschaftswissenschaftlichen Chicago School propagiert, dessen Kerngedanke die ehemalige britische Premierministerin Magret Thatcher so formulierte: »Die soziale Verantwortung des Unternehmens ist es seinen Profit zu steigern«. Dieser Kerngedanke ist leider sehr schnell auch in unternehmerischen Kreisen aufgenommen worden, denn was gibt es schöneres, als einen explodierenden Gewinn ohne lange nachdenken zu müssen? Fabelhaft! Hinzu kommt dann noch die weit verbreitete Einstellung, dass »alles Übel vom Staat komme«. Der Staat lege Unternehmen Fesseln an, er zwänge sie dazu viel zu hohe Steuern zu zahlen, Arbeitsrechte zu respektieren und heutzutage zum Beispiel den Mindestlohn zu zahlen. Kurzum: Der Staat ist gegenüber Unternehmen böse. Deshalb – so die Einstellung vieler Unternehmer – müsse der Staat zurückgedrängt werden, dann würde es allen deutlich besser gehen. Man fordert also einen reinen Nachtwächterstaat und glaubt, das fördere den Wohlstand für alle. Aber diese absolut unerträglichen Einschätzungen von shareholder value und Nachtwächterstaat werden langfristig in eine Katastrophe führen, weil es die Menschen und die Natur missachtet und eine fatale Illusion ist, wie letzte Finanz- und Wirtschaftskrise wieder einmal gezeigt hat.

*Brauchen wir vielleicht gerade deshalb klare gesetzliche Regelungen, die unternehmerisches Handeln entlang des Konzepts der Corporate Social Responsibility, also der ökologischen, sozialen und ökonomischen Verantwortung, zur Pflicht erheben?*

Edzard Reuter: Das ist natürlich ein guter Ansatz, aber: Mit noch so schön klingenden hehren freiwilligen Zielen ist es nie getan. Gewisse Regeln sollten mit Blick auf unternehmerische Verantwortung verbindlich für alle gelten. Die Kunst ist es hier, das in Einklang mit unternehmerischer Freiheit zu bringen.

*Gewisse gesetzlich bindende Regeln existieren bereits seit langer Zeit, man denke nur an das Mitbestimmungsgesetz oder das Betriebsverfassungsgesetz, in der die arbeitnehmerseitige Mitbestimmung geregelt ist. Wie ist Ihr Blick auf Gewerkschaften, welche Rolle spielen sie beim Thema soziale Verantwortung?*

Edzard Reuter: Aus meiner persönlichen Erfahrung kann ich nahezu vorbehaltlos sagen: Ich habe eigentlich immer nur erlebt, dass Gewerkschaftsvertreter vernünftig verstanden haben, dass jede betriebliche Zusammenarbeit immer ein Geben und Nehmen ist und man aufeinander Rücksicht nehmen muss. Die Gewerkschaften müssen Rücksicht darauf nehmen, dass ein Unternehmen im Wettbewerb steht, Konkurrenten es zerstören wollen und dagegen angekämpft werden muss. Umgekehrt muss der Arbeitgeber verstehen, dass er mit Menschen zu tun hat, die ihre Bedürfnisse haben, die durch Gewerkschaften vertreten werden. Ich habe nicht ein einziges Mal erlebt, dass wir mit der für uns hauptsächlich zuständigen Gewerkschaft IG Metall auseinander gewesen sind. Wir haben gestritten, das hat lange gedauert, aber immer sachlich und es ging nicht um kurzfristige Machtstreitigkeiten. Ich bin sehr überzeugt davon bin, dass die faszinierende Nachkriegsgeschichte Deutschlands, die – bei allen Schattenseiten, die es auch gibt – zu einer Wohlstandsgesellschaft geführt hat, mindestens völlig gleichberechtigt auch der IG Metall zu verdanken ist.

*Spielen Gewerkschaften insgesamt – auch wenn Sie nur speziell die IG Metall erwähnt haben – eine wichtige Rolle, wenn es um soziale Verantwortung geht?*

Edzard Reuter: Ja, ganz eindeutig.

*Also brauchen wir auch eine starke Sozialpartnerschaft, wenn das »Soziale« in der Marktwirtschaft nicht nur eine leere Worthülse sein soll?*

Edzard Reuter: Ja, unbedingt. Wir erleben immer wieder in manchen Ländern außerhalb Deutschlands die Diskussionen darüber, ob man deutsche Unternehmen überhaupt übernehmen kann, da man ja vermeintlich nicht frei in Investitionsentscheidungen ist und sich ärger mit diesen »schrecklichen Gewerkschaften als Gesprächspartner einhandelt, die immer alles torpedieren und verhindern«. Das ist nach meiner Überzeugung eine absolute Irrmeinung und lässt sich so in keinster Weise in der Praxis bestätigen.

*Es gibt ja durchaus viele Unternehmer, die sich sehr stark sozial engagieren aber auch gutes Geld verdienen, weil sie viel leisten. Haben wir in Deutschland noch zu wenig sozial engagierte Unternehmer?*

Edzard Reuter: Ich glaube, es geschieht tatsächlich schon viel mehr als man denkt, nicht alle Leute hängen das auch an die große Glocke. Und natürlich wäre es schön, wenn wir nicht nur in Deutschland sondern überall auf der Welt noch mehr Unternehmer wie beispielsweise Bill Gates hätten, der mit seiner riesigen Stiftung eine Menge positives bewegt. Insgesamt sehe ich aber nicht, dass wir mehr sozial engagierte Unternehmer brauchen, da leisten die Unternehmer hierzulande bereits eine Menge.

*Kommen wir zum Themenblock Sozialstaat. Profitieren Unternehmen auch vom Sozialstaat, was denken Sie?*

Edzard Reuter: Natürlich profitieren Unternehmen davon. Beispielsweise hat der Sozialstaat in Deutschland dazu geführt hat, dass es kein Land mit weniger Arbeitsausfällen und mit weniger Streiksituationen auf der Welt gibt und damit für Unternehmen eine hohe Verlässlichkeit in Investitionen bietet. Glauben Sie, dass deutsche Unternehmen so entschieden in Deutschland investiert hätten oder auch Forschung und Entwicklung in Deutschland betrieben hätten, wenn sie nicht auf die Sicherheit der sozialen Verhältnisse hätten bauen können? Das alleine ist schon eine Bestätigung dafür, dass sie vom Sozialstaat profitieren. Sie haben natürlich auf der anderen Seite die Abgabenlast zu tragen. Wenn es den Sozialstaat in der Form in Deutschland nicht geben würde, hätten sie vielleicht manchmal kurzfristig ein besseres Leben gehabt, aber langfristig zahlt sich der Sozialstaat auch für Unternehmen aus. Er bietet langfristige Sicherheit und eine hohe Stabilität für eine Gesellschaft.

*Auch in dem Sinne der Kaufkrafterhaltung von beispielsweise Erwerbslosen, die durch ihren Konsum die Wirtschaft mitstärken?*

Edzard Reuter: Auch das, denn wir haben ein soziales Sicherheitssystem, das dazu führt, dass selbst Menschen in schwierigen Situationen, also Arbeitslosigkeit, immer noch konsumieren können. Aber das ist nicht das eigentliche Thema, viel wichtiger ist die Stabilität, die ein Sozialstaat deutscher Prägung bisher gewährleistet hat.

*Sehen Sie momentan eine Gefahr, dass der Sozialstaat zu stark zurückgebaut wird und sich der Staat aus sozialen Dienstleistungen zurückzieht?*

Edzard Reuter: Nein, das sehe ich für Deutschland aktuell nicht, aber solche Gefahren können immer wieder aufkommen. Das ist die Aufgabe der Menschen, die wir in politische Verantwortung wählen, die Augen zu offen halten und darauf zu hören, was ihnen von Unternehmerseite, von Arbeitnehmern, von Gewerkschaften, Umweltschützern, Kirchen und vielen weiteren Gruppen jeweils und geraten wird. Solange der demokratische Prozess in Deutschland lebendig ist – und das ist er trotz aller kritischen Situationen – sehe ich die Gefahr nicht, dass das Prinzip des Sozialstaates in Gefahr gerät.

*Das heißt, das deutsche Sozialstaatsmodel funktioniert Ihrer Meinung nach gut?*

Edzard Reuter: Ja.

*Anders gefragt: Gibt es Punkte, die verbessert werden könnten?*

Edzard Reuter: Im Augenblick sehe ich keine, aber: Es gibt natürlich ein großes Zukunftsproblem und das ist die demografische Entwicklung. Also einerseits die immer stärkere Veralterung unserer Bevölkerung und andererseits die Frage der Integration der zu uns kommenden Menschen. Ganz aktuell heißt das: Wie integrieren wir die zahlreichen Flüchtlinge in die deutsche Gesellschaft? Zu integrieren heißt nicht, einen neuen Einheitsbrei zu schaffen, sondern geistige und soziale Kreativität entstehen zu lassen. Das muss eine gemeinschaftliche Leistung der vorhandenen Bevölkerung und der zu uns kommenden Menschen werden. Das ist die große Herausforderung der nächsten Generationen. Und das beginnt mit dem sehr entscheidenden Punkt der Bildung.

*Gerade da haben Migranten deutlich schlechtere Chancen, als die deutschen Mitbürger.*

Edzard Reuter: Ja, eben. Ich selber erinnere mich noch lebhaft daran, als wir noch aus der Emigration in die Türkei nach Deutschland zurück kamen, wie die Menschen aus dem östlichen Teil Deutschlands oder Europas, bei der alteingesessenen hiesigen Bevölkerung als Faulpelze und Schädlinge beschimpft wurden. Sie wurden mit den gleichen Vorurteilen – »sie nehmen uns die Arbeits- und Wohnungsplätze weg« – konfrontiert, wie die heute hier ankommenden Flüchtlinge.

Heutzutage redet kein Mensch mehr davon, die Integration ist gelungen. Und das wird auch dieses Mal wieder funktionieren. Da teile ich die wirklich bewundernswerte Klarheit von Frau Merkel zu sagen: »Wir werden das schaffen«. Aber es ist eine unglaubliche Anstrengung die anfängliche Willkommenskultur tatsächlich in die tägliche Realität umzusetzen. Ich weiß ja wie schwierig es schon bisher war, die sogenannten Gastarbeiter, insbesondere meine türkischen Landsleute, hier zu integrieren.

*Ihre Familie ist mit ihnen vor Kriegsbeginn in die Türkei geflohen, wo Sie über zehn Jahre gelebt haben und dort aufgewachsen sind. Wie war das für Sie in einem fremden Land? Wie haben Sie es erlebt integriert zu werden?*

Edzard Reuter: Das kann man nicht vergleichen, weil wir einer geringen Minderheit von Menschen angehörten, die von vornherein mit festen Arbeitsplätzen dorthin kamen. Zudem fiel es uns leicht, da wir mit großer Gastfreundschaft empfangen wurden. Es gehört zu der uralten Kultur speziell in der Türkei, ein guter Gastgeber zu sein und Fremde bei sich aufzunehmen. Das war also eine völlig andere Situation im Vergleich zur aktuellen Flüchtlingskrise.

*Hat die Politik angesichts der großen Flüchtlingswelle überhaupt aktuell eine Antwort auf Integration und den Umgang damit oder ist sie völlig überfordert?*

Edzard Reuter: Vergessen wir zunächst zwei Dinge nicht: Erstens hat die Flüchtlingskrise in dieser Form vor einem halben Jahr begonnen, kam urplötzlich aus dem Nichts und konnte von niemandem in dem Ausmaß vorhergesehen werden. Zweitens sollten wir nicht durcheinander werfen, dass es nicht nur ein Problem von Deutschland ist, sondern ein Problem von Europa, das zusammen gelöst werden muss. Die Europäische

Integration ist in einem äußerst labilen Zustand, obwohl sie nach meiner Überzeugung für uns existenznotwendig ist. Es ist keine Kleinigkeit, in einem Land wie Deutschland, das föderal organisiert ist, in dem es kommunale, föderale und bundespolitische Verantwortungen gibt, plötzlich mit einem solchen Problem fertig zu werden. Und für meine Begriffe ist das bisher ein bewundernswert gelungenes Zusammenspiel von privater Hilfsbereitschaft und staatlichem Handeln auf diesen verschiedenen Ebenen.

*Sie sind glühender Verfechter der Vereinigten Staaten von Europa. Brauchen wir ein stärker integriertes Vorgehen von allen Europäischen Staaten und mehr europäisch-soziale Verantwortung in der Flüchtlingskrise?*

**Edzard Reuter:** Ja, überhaupt kein Zweifel. Wenn die Grundannahme der Vereinigung Europas aufrechterhalten bleiben soll, nämlich die Freizügigkeit der Menschen in Europa, muss es eine europaweit miteinander verträgliche, um nicht zu sagen vereinheitlichte, sozialpolitische Grundlage geben. Das heißt auch eine europaweite Sozialpolitik, in der die Länder bereit sind, Lasten zu teilen, auch wenn das nicht unmittelbar eigene Lasten vor der eigenen Türe sind. Aus meiner Sicht ist diese fast krankhafte Unentschlossenheit unter den europäischen Regierungen, sozialstaatliche Lasten in anderen Mitgliedsländern mitzutragen, ein großes Problem. Konkret sieht man das beispielsweise am Thema Transferunion. Polemisch heißt Transferunion, dass wir unseren Reichtum an die faulen Griechen übertragen, die das Geld dann weiter verprassen. Es ist eines der großen Versäumnis der derzeitigen Bundesregierung – der vorangegangenen sowieso – diese primitive Sicht von gemeinsamer Verantwortung nicht klar entkräftet zu haben. Die deutsche Politik hat in dieser Angelegenheit nicht den Mut gehabt, unserer Bevölkerung reinen Wein einzuschenken, dass große Lasten auf Sie zukommen werden.

*Wie könnte Ihrer Meinung nach eine gemeinsame Europäische Sozialpolitik konkret aussehen?*

Edzard Reuter: Ich kann nur den Hut vor dem Bundesfinanzminister Wolfgang Schäuble ziehen, der von Beginn an immer wieder für eine gemeinsame Europäische Finanz- und Wirtschaftspolitik plädiert hat. Das heißt konkret: Ein Europa, in dem jedes Jahre die Staats- und Regierungschefs darüber entscheiden, wie viel Geld sie der Europäischen Kommission in Brüssel zur Verfügung stellen, kann auf Dauer nicht existieren. Wir müssen in relativ naher Zukunft dazu kommen, dass es einen Europäischen Haushalt gibt, der von einem echten Europäischen Parlament verantwortet wird das gleichzeitig auch selbst über Ausgaben verfügen kann.

*Beim Thema Europäische Integration geht es immer wieder auch zentral um Gerechtigkeitsfragen. Wer bekommt wie viel vom Kuchen ab? Brauchen wir an der Stelle erst mal einen grundsätzlichen europäischen Gerechtigkeitsdiskurs, um überhaupt eine gemeinsame europäische Identität und einen gemeinsamen Verantwortungsgedanken zu schaffen?*

Edzard Reuter: Ja, genau das brauchen wir. Zunächst muss man aber den Menschen ehrlich sagen, dass man sich in einem gemeinsamen Europa nicht nur Vorteile rauspicken kann, sondern auch dazu bereit sein muss, die Nachteile gemeinsam zu tragen. Aber davor haben fast alle Politiker Angst, weil sie dann die nächste Wahl verlieren werden. Ich sage: Es wäre ein Heil, wenn mal ein paar Leute mehr da wären, die den Mut haben zu sagen: »Ok, dann verlieren wir die nächste Wahl. Aber dann gewinnen wir die übernächste Wahl, weil wir die Wahrheit gesagt haben.« Das ist ein ganz zentraler Punkt, ohne den Europa nicht weiter gebaut werden kann.

*Wer müsste denn alles am europäischen Gerechtigkeitsdiskurs beteiligt sein?*

Edzard Reuter: Ganz einfach: die Öffentlichkeit insgesamt, es betrifft uns ja alle. Es müssen sozialen Gruppierungen ihre Meinung dazu sagen, die Kirchen, Verbände, Gewerkschaften, Kranken- und Altersversicherungen und die unzähligen Vereine und viele viele mehr. Das muss eine ganz breite öffentliche Diskussion sein.

*Kommen wir zum Thema soziale Gerechtigkeit. Zunächst: Was verstehen Sie darunter?*

Edzard Reuter: Ich habe große Probleme, den Begriff der Gerechtigkeit als Maßstab für alle politischen Grundfragen und speziell für sozialpolitische Fragen zu verwenden. Denn was ist Gerechtigkeit? Gerechtigkeit kann nach meinem, zugegebenermaßen auch juristischem Verständnis, immer nur für einzelne Menschen gelten. Und wie kann man die Brücke von der Gerechtigkeit für einzelne Menschen zur Gesellschaft finden? Welche Gesellschaft bitte ist gerecht und kann überhaupt gerecht sein?

*Ich versuche es plastischer zu machen, nehmen wir mal das Thema Bildung: Von 100 Kindern aus Akademikerfamilien schaffen es 77 an die Universität, von 100 Kindern aus Arbeiterfamilien schaffen es gerade mal 23 an die Universität. Ist das gerecht?*

Edzard Reuter: Das weiß ich nicht. Jedenfalls ist es ungerecht gegenüber denjenigen, die nicht die gleichen Chancen haben. Ob das aber was mit Politik zu tun hat, das weiß ich nicht.

*Die Politik könnte zum Beispiel die Rahmenbedingungen ändern, indem sie Startchancen verbessert und Kinder aus Arbeiterfamilien stärker fördert ...*

**Edzard Reuter:** … ja, das könnte sie, aber dennoch bleibe ich dabei: Für mich ist das kein Kriterium für die Beurteilung von Politik.

*Nehmen wir ein anderes Beispiel: 10 % der Bevölkerung in Deutschland besitzen 60 % des Volksvermögens. Ein kleiner Anteil, der unglaublich viel Reichtum auf sich vereint. Ist das gerecht? Oder nehmen Sie das Thema Managergehälter, die oft um ein hundertfaches höher sind, als die von einfachen Angestellten. Ist das gerecht? Wenn es nicht Gerechtigkeit ist, unter welchem Aspekt diskutieren Sie diese Ungleichgewichte dann?*

**Edzard Reuter:** Ich beurteile solche Punkte immer unter dem Aspekt, ob es gefährliche oder förderliche Situationen für den gesunden Zusammenhalt einer Gesellschaft sind. Ich halte es für absolut hochgefährlich, dass die Managerbezüge in dieser Form ausgeufert sind. Ich halte es auf die Dauer auch für sehr gefährlich, dass sich die Vermögen immer stärker auf wenige Adressen konzentrieren. Das hat aber nichts mit Gerechtigkeit zu tun, sondern mit einer Beurteilung der Lebensfähigkeit einer Gesellschaft, die für meine Begriffe nur gegeben ist, wenn sie keine Extreme kennt. Ein Gemeinwesen kann auf die Dauer nicht gesund existieren, wenn es sich in hier die Armen und dort die Reichen zerteilt. Dabei geht es aber nicht um Gerechtigkeit, sondern es ist schlicht eine Debatte der Nützlichkeit.

*Anders gefragt und bleiben wir mal beim Thema Managergehälter: Ist es eine Gefahr für den demokratischen Zusammenhalt, wenn Managergehälter exorbitante Höhen erreichen und Entlohnungen im Millionenbereich nicht mehr durch Leistung gerechtfertigt und nachvollzogen werden können?*

**Edzard Reuter:** Ja, das ist eine Gefahr und es zwingt die demokratisch gewählten politischen Instanzen dazu, die Gehälter einzugrenzen. Das wiederum kann aber in der Konsequenz dazu führen, dass Unternehmen sagen: »Ok, dann müssen wir eben das Unternehmen oder die Leitung des Unternehmens dorthin verlagern, wo es diese gesetzlichen Beschränkungen nicht gibt«. In dem Sinne halte ich das für gefährlich für die Lebensfähigkeit und für die Substanz eines Landes wie Deutschland.

*Zuletzt hat es in der Schweiz mit der 1:12-Initiative den Versuch gegeben Managergehälter auf das Zwölffache eines einfachen Angestellten im Unternehmen einzugrenzen. Wäre eine solche Regelung auch für Deutschland denkbar?*

Edzard Reuter: Ich muss noch einmal sagen: Diese extrem hohen Managergehälter finden sich ja vornehmlich nur in den großen DAX-Gesellschaften. Insofern muss man natürlich sehen, dass es zwar eine heiße Diskussion ist, aber bei nüchterner Betrachtung funktioniert die deutsche Wirtschaft nicht besser oder schlechter, wenn der ehemalige VW-Vorstandsvorsitzende Martin Winterkorn nun 20 Millionen oder nur drei Millionen im Jahr verdient. Aber: Die Diskussion darum stört natürlich das soziale Klima enorm und zerstört letztlich auch das Vertrauen in die soziale Marktwirtschaft. Ebenso relevant finde ich das Problem der Vermögensmassierung in den Händen einiger Weniger. In beiden Fällen tendiere ich sehr dazu Umverteilung und Begrenzungen einzubauen. Beim Thema Gehälter finde ich das französische Modell gut, beim Thema Vermögen würde ich beispielsweise die Erbschaftsbesteuerung viel entschlossener angehen, als das im Augenblick in Deutschland getan wird.

*Kommen wir zum Schluss, Herr Reuter: Brauchen wir einfach nur mehr Geld in der Sozialpolitik oder ist das zunächst sekundär?*

Edzard Reuter: Ich sehe in der Tat nicht das Problem, dass wir unsere Steuern erhöhen müssten, damit wir mehr Spielräume für Sozialpolitik haben. Der Kuchen, den wir für öffentliche Ausgaben insgesamt haben, ist groß genug, er muss nur vielleicht besser verteilt werden. Aber ich will mich jetzt nicht auf eine Diskussion darüber einlassen, an welchen Stellen wir Geld anders verteilen sollten. Das sollten die politischen Vertreter entscheiden, ich bin ja schließlich nicht allwissend *(lacht)*.

*Herr Reuter, vielen Dank für das Gespräch.*

# Uns fällt auf ...

Edzard Reuter ist ein dezidierter Vertreter einer »Kümmerverpflichtung« von Wirtschaft und Unternehmen. Er verbindet damit mehrere Bereiche, die ökonomischen, politischen und gemeinschaftlichen Teilsysteme einer Gesellschaft. Mit dieser Überzeugung hebt er sich insbesondere von vielen Exponenten internationaler Unternehmen ab. Reuter sieht ein Zusammenspiel zwischen politischer und unternehmerischer Führung hin zu einer gemeinsamen sozialen Verantwortung, ganz im Sinne einer modernen Nachhaltigkeitspolitik, wie sie beispielsweise auch die EU in ihrer Nachhaltigkeitsstrategie anstrebt. Damit stellt sich eine ganze Reihe von Fragen: Wann habe ich als Unternehmer meine soziale Verantwortung erfüllt, und wie lässt sich das messen? Welches sind die Dimensionen sozialer Verantwortung im Rahmen einer nachhaltigen Unternehmensführung und Politik?

Wenn wir das klassische Modell der Nachhaltigkeit betrachten, stoßen wir auf die Forderung, umweltbezogene, wirtschaftliche und soziale Ziele seien gleichzeitig und gleichberechtigt umzusetzen. Nur durch die Gleichzeitigkeit und Gleichberechtigung kann die ökologische, ökonomische und soziale Leistungsfähigkeit einer Gesellschaft sichergestellt und verbessert werden, wobei sich die drei Aspekte gegenseitig bedingen. Dabei müssen wir beachten, dass es auf operativer Ebene mit nachhaltigen Produktionsmustern nicht getan ist, denn auch die Konsummuster müssen sich in dieselbe Richtung entwickeln.

Die Grundlage fast aller Nachhaltigkeitskonzepte ist ein Gerechtigkeitspostulat – dass also inter- wie auch intragenerative Gerechtigkeit verfolgt werden soll. Die Frage, wie diese beiden Dimensionen von Gerechtigkeit zu gewichten seien, beantworten die verschiedenen Nachhaltigkeitskonzepte jedoch unterschiedlich. Integrative Nachhaltigkeitskonzepte wie etwas das der Helmholtz-Gemeinschaft Deutscher Forschungszentren zeigen aber auch auf, wie entscheidend das dahinterliegende Überzeugungsgebäude ist. Wenn wir in der wirtschaftlichen und politischen Dimension weiterhin von steigendem Wachstum, verbessertem Wettbewerb und erhöhter Effizienz ausgehen, definieren und messen wir auch Nachhaltigkeit mit diesen Denkkategorien. Wenn wir jedoch Kriterien einer verbesserten Gerechtigkeit als Messlatte verwenden, betrachten wir Armutsquoten, Bildungschancen, Teilhabemöglichkeiten unterschiedlicher Gesellschaftsschichten usw. als Messgrößen, die über Nachhaltigkeit Auskunft geben. Hinzu kommt noch eine zeitliche Dimension, denn nachhaltige Entwicklung ist nicht ein einmaliger Zustand, sondern ein Prozess, der weit in die Zukunft reicht. Die zentralen Fragen lauten dann: Auf welches Wirtschafts- und Politikleitbild verpflichtet sich die Gesellschaft? Wie gehen wir mit Zielkonflikten zwischen unterschiedlichen Gerechtigkeitsvorstellungen in einer Gesellschaft um? Wie kann ich im unternehmerischen Alltagsgeschäft nachhaltig und verantwortlich handeln? Wie kann ich Nachhaltigkeit in diesem Sinne messen?

Für Edzard Reuter ist klar, dass Unternehmen vom Sozialstaat profitieren. Diese Überzeugung lässt sich aus seinen Vorstellungen von Gerechtigkeit ableiten. Er siedelt Fragen der Gerechtigkeit in erster Linie auf der europäischen Ebene an und sieht sie weniger als Beurteilungskriterium für Sozialpolitik. Hierüber zu diskutieren, sehen wir als notwendig an und wollen hierzu auch in unseren Schlussbetrachtungen einen Beitrag leisten.

# Welche Sicht der Dinge?

Schlussbetrachtungen von Beat Uebelhart und Peter Zängl

Wir haben eingangs festgehalten, dass sich die Vorstellungen von Form und Ausgestaltung des Sozialstaates je nach Standpunkt und politischer Couleur unterscheiden. Dies bedeutet gleichzeitig auch, dass die den jeweiligen sozialpolitischen Maßnahmen zugrunde liegenden Grundwerte immer weiter auseinanderdriften, so zum Beispiel die Ansichten darüber, was ein soziales Problem ist, was »gerecht« ist oder gar was zu tun ist, um individuellen Vorstellungen zu entsprechen. Es bedeutet auch, dass ein gesellschaftlicher Konsens immer schwieriger wird, da die Ansichten weit auseinandergehen.

Wir haben uns vorgenommen, Denkanstöße zur Sozialpolitik zu liefern. Wir sind uns bewusst, dass wir nicht Betroffene befragt haben, sondern Exponenten unterschiedlicher Funktionssysteme unserer Gesellschaft, von denen wir uns eine jeweils spezifische Sichtweise auf die unseres Erachtens notwendige Entwicklung der Sozialpolitik versprochen haben.

## Ein kurzer soziologischer Exkurs

Unsere Perspektive auf die Gesellschaft ist von den Überlegungen Talcott Parsons' geleitet, der moderne Gesellschaften in vier große Subsysteme – Wirtschaft, Politik, Soziales und Legitimation – unterteilt. Er ordnete den vier Subsystemen auch vier unterschiedliche Funktionen zu: Um zu »funktionieren«, müssen Systeme in der Lage sein, (1) sich anzupassen. Dies kann beispielsweise durch Technologien oder durch wirtschaftliches Handeln erfolgen. Darüber hinaus ist es unbedingt notwendig, dass ein System (2) eigene Ziele definieren und diese auch verfolgen kann. Der Umgang mit Interessen und Macht und deren soziale Gestaltung durch politisches Handeln wird in erster Linie dem politischen Subsystem zugeschrieben. Daneben kommt (3) der Fähigkeit zur Integration eine besondere Bedeutung zu. Damit ist die Funktion eines Systems gemeint, Kohäsion (Zusammenhalt) und Inklusion (Einschluss) herzustellen und abzusichern. Vorrangig wird diese Funktion im sozialen System erfüllt. Im Subsystem »Legitimation« kommt es schließlich in erster Linie darauf an, (4) grundlegende Strukturen und Wertmuster zu entwickeln und aufrechtzuerhalten.

Diese funktionale Strukturierung einer Gesellschaft beinhaltet gleichzeitig auch das Wissen darum, dass keines der Subsysteme allein funktionieren kann und dass jedes mit jedem anderen interagiert. Dies bedeutet, dass jede politische Entscheidung gleichzeitig auch wirtschaftliche, soziale und ethische Aspekte umfasst. Diese Sichtweise auf Gesellschaften macht deutlich, dass das Spannende an den jeweiligen Systemgrenzen passiert, also an den Schnitt- oder Verbindungsstellen. Konkret kann dies bedeuten, dass wir, wenn eine Entscheidung ansteht, zum Beispiel zwischen moralischem und ökonomischem Aspekt wählen müssen.

Wir folgern daraus, dass sozialpolitisches Handeln auf der Basis von (mindestens) vier Grundsätzen erfolgen sollte, die wiederum eine Vielzahl von Handlungsoptionen und -notwendigkeiten nach sich ziehen:

### Grundsatz der Multiperspektivität

Es gibt nicht die eine Wahrheit, sondern jeweils verschiedene Rationalitäten, Logiken oder Sichtweisen, je nach Subsystem. Da es aus dieser Sicht weder »richtig« noch »falsch« gibt, benötigen wir als Erstes Transparenz darüber, welche Rationalitäten die jeweiligen Akteure leiten und wie das Zusammenspiel zwischen den vier Funktionssystemen entwickelt werden kann, sodass wir eine gemeinsame Sprache finden und eine den vier Subsystemen geteilte Sichtweise erarbeiten können. Am Beispiel von Gesetzen, Normen und Regeln zeigt sich, dass handlungsleitende Begrifflichkeiten wie »an Leib und Leben bedroht« im Flüchtlingsbereich oder »bedarfsorientiert« oder auch »soziale Gerechtigkeit« im Sozialbereich von den ausführenden Instanzen frei interpretiert werden können und nicht Ausdruck einer geteilten Sichtweise sind.

### Grundsatz der Partizipation

Es sollte eigentlich selbstverständlich sein, dass Menschen zu Wort kommen und angehört werden, wenn es um Maßnahmen geht, die sie betreffen. Daneben meint Partizipation aber auch die Aufgabenteilung zwischen Zivilgesellschaft und Staat, also das Engagement von Einzelnen, von privaten Organisationen und staatlichen Stellen, denn nur im gesunden Zusammenspiel zwischen diesen gesellschaftlichen Kräften können die Herausforderungen gemeistert werden. Wie wir in den Interviews erkennen können, stellt sich aber auch die Frage, was den Einzelnen legitimiert, sich zu engagieren, wo seine Verantwortung oder Verantwortlichkeit beginnt und wo sie endet. Es stellt sich ferner die Frage, ob die Gesellschaftsmitglieder, die das Problem ermöglicht oder gar verursacht haben, nicht vermehrt zur Rechenschaft gezogen werden müssen, wenn es darum geht, Lösungen zu finden. Da wir zunehmend erkennen, dass soziale Probleme nicht an Landesgrenzen haltmachen, müssten wir möglicherweise auch überkommene Gedankengebäude wie nationalstaatliche Grenzen überwinden und Lösungsansätze völlig neu denken. Spätestens mit einer zunehmenden Zahl von Umweltflüchtlingen werden wir uns diese Frage dringend stellen müssen.

**Grundsatz der Wirksamkeit sozialer Problemlösungen**
Die »Gretchenfrage« aller Maßnahmen stellen wir uns heute kaum: »Woran erkennen wir, dass die jeweilige Maßnahme die gewünschte Wirkung erzielt?« Wenn allerdings schon die Zielsetzung schwammig beschrieben und nicht von allen Akteuren geteilt ist, wie sich am Beispiel »Wie gewähren wir soziale Gerechtigkeit?« zeigen ließe, dürfen wir uns nicht wundern, wenn einmal beschlossene Maßnahmen kaum je auf ihre Wirksamkeit hin überprüft und schon gar nicht reduziert oder gar abgeschafft werden, falls sie sich als unwirksam erweisen. Es ist schon etwas merkwürdig, wenn einerseits die Lebensbedingungen sich in rasendem Tempo verändern und andererseits einmal beschlossene Maßnahmen im Sozialbereich nicht eingestellt werden. Dies lässt eigentlich nur den Schluss zu, dass die beschlossenen Maßnahmen ihr Ziel nicht erreicht haben und deshalb, unabhängig von den veränderten Lebensbedingungen, fortgeführt werden müssen. Wir können aber auch nicht gewollte und unerwünschte Wirkungen feststellen. Wenn Einzelnen bei hundertprozentiger Erwerbsarbeit am Ende des Monats weniger bleibt als Bezügern von Arbeitslosen- oder Sozialhilfegeldern. Oder wenn mit der Einführung der 35-Stunden-Woche in Frankreich nicht wirklich mehr Jobs geschaffen werden, die ein »gutes Leben« ermöglichen, sondern der Anteil an informeller Arbeit und Schwarzarbeit steigt.

## Grundsatz des Wertebezugs

Wie wir auch in den geführten Interviews gesehen haben, sind selbst die Zielgrößen unseres Sozialstaatsverständnisses verschieden bis diffus. Individuell wissen wir schnell, was »ungerecht« ist. Auch im kollektiven Empfinden sind wir uns schnell einig, dass die aktuelle Reichtumsverteilung, nach der 62 Menschen über die Hälfte des weltweiten Vermögens verfügen, ungerecht ist. Sehr viel schwieriger ist es jedoch, sich darüber einig zu werden, was gerecht ist oder was konkret »soziale Gerechtigkeit« bedeutet.

Um in der Diskussion und in der Auseinandersetzung um den Sozialstaat einen Schritt weiterzukommen, skizzieren wir im Folgenden einen ersten Vorgehensschritt, der auf unsere Ausgangsfrage nach einer möglichen neuen Agenda der Sozialpolitik vielleicht eine Antwort liefern könnte.

## Vorschläge für eine neue Agenda der Sozialpolitik

Alle Organisationen im Politikfeld der Sozialpolitik stehen vor riesigen Herausforderungen, die in der Fachwelt und der Öffentlichkeit seit Jahren breit diskutiert werden. Wenn wir diese Herausforderungen und die dahinter liegenden Dysfunktionen des Wohlfahrtsstaats miteinander in Verbindung bringen, können wir einen »roten Faden« entdecken, erkennbar sowohl auf der Mikroebene der betroffenen Menschen als auch auf der Makroebene des Staates (Parlament, Regierung, Verwaltung) und der Mesoebene der wohlfahrtsproduzierenden Organisationen und der neuen Akteure, die in den »Markt des Sozialen« vordringen.

Im deutschen Grundgesetz (Artikel 72 Absatz GG) wird die »Herstellung gleichwertiger Lebensverhältnisse« postuliert. Auch in der schweizerischen Bundesverfassung steht, dass die Eidgenossenschaft die gemeinsame Wohlfahrt fördert. Dies bedeutet, dass die Wohlfahrtsproduktion zu den staatlichen Aufgaben gehört und der Staat dafür Verantwortung trägt. Die Wohlfahrt wird aber nicht vom Staat allein erwirkt, sondern im Rahmen der Subsidiarität in einem organisationalen Setting, das als *mixed economy of welfare* bekannt ist. Der Staat entwickelte sich vom Leistungsstaat (der selbst agiert) zu einem Gewährleistungsstaat, der dafür sorgt, dass die notwendigen Angebote – möglichst effizient und effektiv – angeboten werden. Die zentralen Akteure sind nebendem Staat die Wohlfahrtsverbände, die karitativen Non-Profit-Organisationen, der Markt, Privathaushalte und die Nachbarschafts- oder Selbsthilfe.

Das Ziel der Bestrebungen aller dieser Akteure heißt Wohlfahrt. In einem sozialpolitischen oder sozialwissenschaftlichen Verständnis »hat Wohlfahrt sowohl eine objektive wie auch eine subjektive Dimension, und quer dazu wird der Lebensstandard (›level of living‹), der sich primär auf die materiellen Bedürfnisse (›having‹) bezieht, von der Lebensqualität unterschieden, die auch die weitergehenden Bedürfnisse nach Zugehörigkeit (›loving‹) und Selbstverwirklichung (›being‹) beinhaltet«, wie es Heinz-Herbert Noll 1999 in seinem Buch »Konzepte der Wohlfahrtsentwicklung« beschrieben hat.

### Mikroebene

Menschen, deren Teilhabe an diesen unterschiedlichen Dimensionen von Wohlfahrt eingeschränkt oder nicht möglich ist, bedürfen der Hilfe und Unterstützung. Dies geschieht nicht nur durch finanzielle Hilfen, sondern mittels Beratung, Betreuung, Unterstützung, geschützter Wohn- und Arbeitsformen usw. Das Ziel der damit verbundenen, höchst unterschiedlichen Dienst- und Unterstützungsleistungen besteht u. a. darin, diese Menschen dazu zu befähigen, dass sie ihr Leben möglichst autonom führen können, und dass ihnen ein menschenwürdiges Dasein möglich wird.

Dabei werden die Lebenslagen dieser Menschen immer komplexer, ihre Teilhabechancen und -möglichkeiten in immer mehr Lebensbereichen eingeschränkt. Die Nachfrage nach sozialen Dienstleistungen steigt stark an, sei dies in räumlicher (Mobilität, Verdrängung aus günstigem Wohnraum, Entwurzelung, Perspektivlosigkeit), zeitlicher (Übergänge zwischen verschiedenen Lebensphasen) oder quantitativer Hinsicht (Ausmass der Unterstützung). Dies hat in den letzten Jahren zu einer beinahe unübersichtlichen Vielfalt und Ausweitung von sozialen Dienstleistungen und anbietenden öffentlichen oder privaten Organisationen geführt. Wenn solche Akteursvielfalt angesichts der sich rasch und stark ändernden Lebenslagen und Bedürfnisse einerseits zu einer breiteren Palette personalisierter Dienstleistungen beiträgt, verschwimmt andererseits die Verantwortlichkeit der einzelnen Organisation mit Blick auf eine ganzheitliche Wohlfahrtsproduktion über die verschiedenen Problemlagen der betroffenen Menschen hinweg (Stichwort: »organisierte Unübersichtlichkeiten und Unverantwortlichkeiten«). So fallen immer mehr Menschen durch die Maschen des sozialen Netzes, da nicht die Komplexität ihrer Problemlagen im Vordergrund steht, sondern die spezifischen Fähigkeiten, Kompetenzen und Geschäftsfelder der jeweiligen Organisationen. Dies zwingt viele Menschen, die auf Unterstützung angewiesen sind, sich möglichst alle Optionen offenzuhalten oder diejenige Unterstützung anzunehmen, die angeboten wird – einerlei, ob sie tatsächlich auf ihre Bedürfnisse zugeschnitten ist oder nicht. Auch wenn die Fachwelt die Problematik erkannt hat und mit »Case Management«, »Komplexleistung«, »Arrangements«, »integraler Versorgung«, einem »Übergangsmanagement« in Einzelbereichen (z. B. Strafentlassene) oder gar mit »Versorgungsketten« (über Raum und Zeit) zu reagieren beginnt, wird dies allein nicht dazu beitragen, dass die Bedürfnisse der Einzelnen nach Teilhabe befriedigt werden können.

## Makroebene

Was die Rolle des Staates angeht, so lässt sich feststellen, dass unter den sozialpolitischen Paradigmen »Subsidiarität« und »Stärkung der Eigenverantwortung« einseitig fast nur »Sparen« verstanden wird. Dies zeigt sich deutlich darin, dass sich die Verantwortung für die Wohlfahrtsproduktion sowohl in Richtung Individuum als auch in Richtung privater Organisationen (Non-Profit-, Low-Profit- oder For-Profit-Organisationen) verschiebt.

Dabei wird nicht nach den Auswirkungen des Sparens gefragt, obschon die Sparaktionen in vielen Bereichen in den letzten Jahren Spuren hinterlassen haben. Einschränkungen der Leistungen verschiedener Sozialversicherungszweige, die Verschärfung der jeweiligen Praxis und realitätsfremde Minimalsätze, finanzmarktbedingt verringerte Verzinsung von Altersspargeldern usw. sind bekannte Beispiele. Dass durch diese Maßnahmen der Druck auf die Sozialhilfe immer grösser wird, ist längst bekannt. Der Staat reagiert aus Sorge um eine Kostenreduktion in vielfältiger Weise darauf und geht neuerdings auch unkonventionelle Wege. Er führt für den Bereich der wirtschaftlichen Sozialhilfe ein Bonus-Malus-System ein, das kommunale Sozialdienststellen zukünftig belohnt oder sanktioniert. Die Verschiebung der Verantwortung zeigt sich aber auch auf der Ebene der Vergabepraxis im Rahmen von Leistungsverträgen und Subventionen oder bei der Wahl der Kontrollinstrumente.

Anstelle eines regelmäßigen, bewussten, kritisch analysierten und professionell gestalteten Allokationsprozesses hat sich im Non-Profit- und im Public-Bereich in vielen Fällen ein historisch gewachsener Verteilungsprozess etabliert, der sich nicht an einem Modell umfassender gesellschaftlicher Wohlfahrt orientiert, sondern sich im Gegenteil auf eine Vielzahl – oft unabhängiger – Teilaspekte ausrichtet. Die Mittel werden weiterhin Einzelorganisationen und Erbringern von Teilaufgaben zugeteilt und nicht einem Verbund von Anbietern, die dann für eine ganze Versorgungskette die gemeinsame Planungs-, Umsetzungs- oder Evaluationsverantwortung übernehmen.

Aufgrund des Sparauftrags nimmt der Legitimationsdruck auf die Verwaltung von allen Seiten zu. Sie versucht daher, durch immer ausgeklügeltere Controlling- und Reportingsysteme auf alle kritischen Fragen der Mittelzuteilung Antworten zu liefern. Dabei wird die Beantwortung der Frage immer dringender, ob mit der zunehmenden Verwendung von öffentlichen Geldern oder Spenden für den Controlling-, Reporting- oder Qualitätsnachweisaufwand tatsächlich etwas über die Wohlfahrtsproduktion ausgesagt werden kann.

### Mesoebene

Auf der Seite der Organisationen der Sozialpolitik sind die Auswirkungen dieser staatlichen Steuerung längst angekommen. Sie müssen immer mehr Drittmittel generieren oder radikal Kosten sparen, stehen immer mehr in Konkurrenz zu Organisationen mit ähnlichen Zielsetzungen und Dienstleistungen und müssen auf der Suche nach Spendengeldern, politischen Einflussmöglichkeiten und im Kampf um öffentliche Mittel immer mehr ihre Effizienz und Unterstützungswürdigkeit herausstreichen. Performance Management oder die Differenzierung mittels neuer Alleinstellungsmerkmale sind die Folge. Schon drängen – nach ersten Erfahrungen in anglophonen Ländern – neue Akteure auf den Sozialmarkt im deutschsprachigen Europa: Social Impact Bonds. Fondmanager durchforsten soziale Dienstleistungen dahingehend, ob mit spezifischen Interventionen, z. B. der Unterstützung alleinerziehender Mütter für eine nachträgliche Berufsausbildung (Ziel: Integration in den Arbeitsmarkt) oder der Nachbetreuung straffällig gewordener Jugendlicher, Wohlfahrt produziert werden kann. Schon der Begriff Social Impact Bond zeigt, dass das entscheidende Kriterium hier eine (noch näher zu bezeichnende) Form von Wirkung ist. Ähnlich wie bei Nachhaltigkeitsfords soll Anlegerinnen und Anlegern mit sozialem Gewissen eine attraktive Anlagemöglichkeit geboten werden. Welche Projekte »attraktiv« sind, entscheiden dabei die Anlegerinnen und Anleger und die Fondsmanager. In einigen Ländern können Social Impact Bonds, oder die umsetzenden Organisationen der Sozialwirtschaft, mit Bonuszahlungen vom Staat rechnen, wenn sie öffentlich gewollte Wirkungen bei der Wohlfahrtsproduktion nachweisen können.

## Social Policy Making

Politik und Staat (Parlament, Regierung, Verwaltung) scheinen immer weniger in der Lage, grundlegende strategische Herausforderungen anzunehmen, sich mit den Problemen unserer Gesellschaft auseinanderzusetzen und dabei aufgrund eines spezifischen Risikomanagements zu entscheiden, in welchen Bereichen interveniert werden soll und wo sich tatsächlich Wirkungen erreichen lassen. Der Staat scheint auch nicht gewillt, auf der Basis von Wirkungsnachweisen diejenigen Politikfelder und Organisationen finanziell zu unterstützen, die tatsächlich Wirkungen ihrer Wohlfahrtsproduktion nachweisen können, was in vielen öffentlich zugänglichen Evaluationsberichten nachgelesen werden kann.

Ziel muss es sein, neue Arrangements zwischen Selbstabschaffung und Steuerungslosigkeit des Sozialstaates, eine Balance zwischen dem Verdrängungswettbewerb karitativer Organisationen und der reinen Marktlogik zu finden. Dies bedeutet, dass bisherige Denkgrenzen gesprengt und völlig neue Denkansätze gefunden werden müssen, die sowohl multiperspektivisch die erwähnten Problemzonen und Zusammenhänge analysieren als auch neue, transdisziplinäre Ansätze beinhalten. Wir benötigen ein zukunftsfähiges Social Policy Making, das die unterschiedlichsten Optionen einer problemangemessenen Versorgungsgestaltung beinhaltet.

In einem derartigen Prozess müssen die Rahmenbedingungen unterschiedlicher Sozialstaatsvisionen, die gesellschaftliche Wertediskussion, die professionellen Ansprüche der Sozialen Arbeit sowie Wissens- und Erkenntnisbestände aus weiteren Disziplinen einbezogen und so miteinander verknüpft werden, dass eine künftige Wohlfahrtsproduktion ganzheitlich erfolgen kann und ihre Impacts (für die Zielgruppen) und Outcomes (auf gesamtgesellschaftlicher Ebene) messbar – und damit steuerbar – werden. Vor dem Hintergrund eines strukturfunktionalistischen Gesellschaftsbildes müssen Akteure aus den verschiedenen gesellschaftlichen Funktionssystemen »Politik«, »Wirtschaft«, »Gesellschaft« und »Legitimationssystem« in einen Diskurs einbezogen werden, sodass Wissens- und Erfahrungsbestände aus den unterschiedlichen Gesellschaftssystem und Disziplinen zusammenfinden, um Antworten auf folgende Fragestellungen zu finden:

1. Welche Gerechtigkeitsvorstellungen leiten uns bei der Festlegung der prägenden Leitbilder zwischen »Aktivierung«, »Eigenverantwortung«, »Autonomie«, »Selbstbestimmung« und »Reziprozität«?
2. Wie wird entschieden über die Definition eines sozialen Problems, über den Bedarfsausgleich, über fachlich begründete Lösungen, über die Wahl des Umsetzungsakteurs und Finanzierungsquellen, bis hin zu den Anforderungen an die Wirkungsevaluation?
3. Welche Ansprüche an die Trägerschaften (strategische Ebene) und an das inhaltliche und formale Angebot (operative Ebene) müssen gestellt werden? Dazu gehören Ansprüche an die Konformität der Zielsetzung der Trägerschaft, an Führungsrichtlinien und Führungsinstrumente, die Qualifikation des involvierten und des leitenden Personals genauso wie Ansprüche an die Öffnungszeiten, Interventionszeiten usw.
4. Welche Wirkungen sollen wo und wie erreicht und durch wen festgestellt werden?

5. Welche Voraussetzungen schaffen wir hinsichtlich der Übertragbarkeit von Problemlösungen und Prozeduren oder des Austestens von Strategien und neuen Zusammenarbeitsformen?

Wir denken, es braucht einen »Social Think Tank« mit Beteiligung aller gesellschaftlichen Funktionssysteme, um an diesen Fragen zu arbeiten und um neue Denkansätze zu entwickeln. Ganz im Sinne Goethes:

»Wer Großes will, muss sich zusammenraffen.«

# Die Herausgeber

Beat Uebelhart, Prof. an der FH Nordwestschweiz, Master of Public Administration mit Schwerpunkten Sozialmanagement, Social Impact Modell, Wirkungsforschung; i. R. seit 2015. Weitere berufliche Ecksteine: Höherer Verwaltungsdienst, Leitungsfunktion in verschiedenen Nonprofit-Organisationen, Berater im Feld der Entwicklungshilfe und Technischen Zusammenarbeit, Consultant und Führungscoach in eigener Praxis, Leiter eines Bildungszentrums, vielfältige Beratungsmandate im Sozial- und Bildungsbereich sowie in der Umwandlung öffentlicher in privatrechtliche Organisationen.

Peter Zängl, Prof. an der FH Nordwestschweiz, Dr. rer soc, Diplom Sozialwissenschaftler und Diplom Verwaltungswirt (FH). Berufliche Ecksteine: Verschiedene Stationen in Institutionen der Sozialpolitik (Arbeitsmarkt, Gesundheitswesen, Pflege, Gerontologie) sowie in den Sozialministerien der Länder Nordrhein-Westfalen und Schleswig-Holstein. Arbeits- und Forschungsschwerpunkte: Lehre in der Aus- und Weiterbildung, Organisationssoziologie, Entscheidungen in Organisationen, Creating Shared Value, Gestaltung von Versorgungssystemen, Freiwilligenarbeit und soziale Gerontologie.

The manufacturer's authorised representative in the EU is Springer Nature Customer Service Centre GmbH, Europaplatz 3, 69115 Heidelberg, Germany. If you have any concerns regarding our products, please contact ProductSafety@springernature.com

Printed and bound by CPI Group (UK) Ltd, Croydon, CR0 4YY

25/03/2026

02078186-0001